U0132388

宮崎市定人物論

宮崎市定 著

礪波護 編

林千早 譯

商務印書館

宮崎市定人物論

作　　者：宮崎市定

編　　者：礪波護

譯　　者：林千早

責任編輯：黃振威

封面設計：黃鑫浩

出　　版：商務印書館 (香港) 有限公司
　　　　　香港筲箕灣耀興道 3 號東滙廣場 8 樓
　　　　　http://www.commercialpress.com.hk

發　　行：香港聯合書刊物流有限公司
　　　　　香港新界大埔汀麗路 36 號中華商務印刷大廈 3 字樓

印　　刷：美雅印刷製本有限公司
　　　　　九龍觀塘榮業街 6 號海濱工業大廈 4 樓 A

版　　次：2020 年 1 月第 1 版第 1 次印刷
　　　　　© 2020 商務印書館 (香港) 有限公司
　　　　　ISBN 978 962 07 5820 1
　　　　　Printed in Hong Kong
　　　　　版權所有，不得翻印

目錄

第一編

大帝與名君

1 | 秦始皇：從統一到幻滅

始皇帝（前 259—前 210 年）生於戰國末年，十三歲時繼承了其父的秦王之位（前 247—前 210 年在位），依次攻滅諸國，統一天下，並自稱「皇帝」（前 221—前 210 年為皇帝）。秦代是中國史上最初的大統一時代，同時亦是之後兩千餘年傳承不斷的皇帝制度之起源。而在歷史學意義上，這次統一，也被認為是東亞諸古代帝國的真正成立。[1]

一　背景

在身為秦王的 20 餘年間，始皇帝消滅了此前與之對立的六國，統一了天下。這一事業誠然是驚人的，不過當時的社會形勢正好在經歷一場大轉換，而這轉換在另一方面也促成了諸侯內戰的終焉。回望戰亂頻發的戰國時代，竟然持續了二百年之久，已經是長得有些過分了，而在此以前，長達三百年的春秋時代亦是戰爭和混亂之世。因此，在受夠了戰爭的人民中不斷高漲的厭戰情緒，壓過了對戰爭勝負的執念，人們想要儘早獲得和平的願望也越來越強烈了。

戰爭的持續一方面對人民來說是一種災難，而另一方面，卻也不能說是一點好處都沒有的。中國的古代社會[2]，和西方古代有所相似，存在着擁有完全的市民權以及在國家有難時必須履行組成武裝、參與戰爭之義務的士人階級，和沒有市民權並被排除在政治、軍事之外的庶民階級這兩種階級的對立。而進入戰國時代之後，諸國政府為了國防的必要性，不得不求助於庶民階級之力。庶民們既被徵召使役組成軍隊，政府也就無法阻止他們逐漸成為將校和官吏了，而士人和庶民的區別也就此漸漸消失。在春秋時期，軍隊指揮官多出自古舊名門，而到了戰國時代，戰術之進步和對此的專門知識和經驗之產生，使得庶民中擁有優秀才能之人也有機會獲得這一職位。其中，更出現了職業化的將軍，他們受到外國君主的招聘而掌管其國軍隊，當然因為此種軍人忠誠心的微薄，反叛該國君主的行為亦屢見不鮮。這些情況，無疑證明了軍隊逐漸無國籍化這一趨勢。

　　而同時期的商業也呈現出繁榮景象。中國古代都邑專門設立了所謂的「市」作為商業區域，就如同古希臘的 "agorā" 和古羅馬的 "forum" 一樣，商業的興隆繁榮了市，也令活躍於市的商人的財富不斷增加。這些商人中，有人利用車、船前往異地進行商業活動，也有人買入商品抬高物價之後貪婪地收取暴利，在如此獲得巨大財富之後，他們又成為了接近君主的政治商人，繼而更進一步成為政治家。鉅賈們的活動自然不限於一國之內，他們的生意一直做到了國外，也就形成了所謂的跨國企業，而對這些商人來講，效忠於某個特定國家的誓言，是毫無必要的。經過商人和軍事家活動的無國籍化發展，各諸侯國間的勢力對比也變得不穩定起來。一旦其中某個國家的國力稍微強於其他國家，那麼這種國力上的差距一定會加

速度般地拉大，使春秋以來諸侯國之間的勢力平衡徹底崩壞。而秦國的統一事業，正是在這種背景下才能得以實現的。

秦國始於西周孝王（約前 892—前 886 年在位）所封的嬴非子。而其第三十五代國君，正是本名為政的始皇帝之父莊襄王（前 250—前 247 年在位）。在始皇帝即秦王在位的前十年間，宰相呂不韋一直手握大權。此人出身韓國，在趙國國都與始皇之父相識，繼而使用其所擁有的金錢在秦國朝廷中活動，為始皇之父謀得了王位，而他也憑藉此功業成為了秦國的大臣。同時，亦有傳聞說始皇帝並非莊襄王之子，而實為呂不韋之子。

當時秦國的領土以現在的陝西省為中心，不斷向東方和南方蠶食鄰國，擴張領土。今日的陝西雖然土地貧瘠、經濟落後，然而在當時卻以農產品豐富的肥沃地帶而著稱。特別是始皇即位之初，任用了從韓國來的水利工程師鄭國，通過興建灌溉工程，將河水引入本為不毛之地的荒野並將之耕地化，使此地的穀物變得更為豐富。

秦國的都城是離後代之都城長安不遠的咸陽，此地亦佔據了商業上的特殊地位。恐怕在當時已經存在的絲綢之路，便是通過此地將中國的絹製品輸出到西方，並將西方的玉製品輸入中國。咸陽之於絲綢之路，便是關口一樣的存在。而當時共同的貨幣，大抵便是黃金吧。當然，除了這座世界性大都市之外，秦國的領土以由農民集團所組成的都邑為主，而秦國政府亦是從這些都邑中徵集軍隊的。秦軍隊以騎兵眾多為特徵，軍馬有一部分出於本國農民於原野間的牧養，因其地理位置的便利性，他們還從北方遊牧民族手中購入大量馬匹。將秦國人民稱為馬背上的民族並不適當，然而他們擅長騎兵戰術卻是事實。

二 統一

西元前 230 年，秦國消滅了與其東南接壤的韓國並吞併其土地。韓國雖在諸列強中土地最為狹小，卻以武器製造業的興盛而聞名，並曾以此維繫七國間的勢力平衡。因此，韓國的滅亡，無疑意味着天下形勢之巨大轉變的開始。

吞併韓國並接管其「軍工廠」的秦國，接着開始壓迫位於其東北方、今屬山西省的趙國。趙國一向和北方遊牧民族接壤，並很早已採用了騎兵戰術，從這一點上來説甚至比秦國還要先進，而趙國幾度擊退秦國入侵的英勇事跡，也使其成為了秦國的強大敵人。然而當時的趙國新君暗昧、國政混亂，秦國幾度派出遠征軍，得以趁此機會毫無困難地平定了趙地（前 228 年）。而攻滅趙國，令秦軍之馬匹得到了很大的補給。

處於被滅的韓國和趙國之間的則是魏國。事實上此三國都是由一度為春秋霸主的晉國所分出的，而位於其中央位置的魏國為先代周朝的文化所影響，可謂中國正統文化的繼承者。與之相對，秦國向來屬於後進之國，一直在魏國的影響下發展。秦國最初成為強國的契機，亦正是孝公（前 362—前 338 年在位）任用了魏國的亡命者商鞅而推行了國政改革。隨後，自魏入秦而成為秦相的張儀，又在秦魏同盟的基礎上，將其他諸國納入了連橫的關係之中，讓秦國的國際地位更為優越。之後，魏人范雎成為秦相，又提出了遠交近攻的策略，首先將矛頭指向秦國的鄰國，掠其地以為己用。事實上始皇帝正是受到了這一策略的影響，才選擇在此時侵略魏國。魏國的軍備明顯不如其文化先進，在秦軍開始攻擊後不久，便徹底被征服

了（前 225 年）。

　　幾乎同時，秦國亦着手開闢了另一條戰線，開始打擊南方長江流域的楚國。楚自春秋以來便稱大國，在諸國之中領土最廣，物產也最為豐富。雖則當時長江流域的土地還未被開發，人口稀少而生產力低下，完全沒有今日所見的繁華之景，不過楚國仍然是真正意義上的大國，秦國不得不動員全部國力，招集了六十萬大軍奔赴楚地。此時的楚國則因王位繼承的紛爭而處於人心動搖之中，也正因為領土過於遼闊，一時之間無法集結分散各地的軍隊。這樣一來，秦國得以乘此機會集中兵力攻下了楚地的一座座城池，最終征服了楚國全境（前 223 年）。

　　而在此後的第二年，秦國又消滅了位於東北的燕國。燕國雖説是西周王室成員、開國功臣召公所建立的國家，然而實際上卻土地貧瘠、國力貧弱，根本無法抵抗秦軍。這樣一來，剩下的諸侯國便只有位於今山東省的齊國了，齊國為秦國所欺騙，向來遵守與秦立下的互不侵犯條約，毫不介意地旁觀了秦國滅亡他國的過程，享受着局外人一般的和平。使用了麻痺策略的秦國，直接派遣攻滅了燕國的軍隊偷襲入齊，而齊國竟也毫無抵抗地投降了秦軍（前 221 年）。齊是僅次於楚的大國，廣有富強之名，其國力更是足以使其諸侯王與秦王互相尊為「東西二帝」，在秦軍的攻擊下卻仍顯得如此脆弱。説到「脆弱」，其實不只齊國，其他國家在面臨強秦時似乎也是如此「脆弱」的。這對於作為征服者的秦來説，乍看之下或許是僥倖之事，而其實卻隱藏着某種巨大的不安。被征服地區並未因連年戰禍而荒廢，失敗者本身也沒有甚麼失敗的實感，在全力掙扎之前就早早宣告了戰敗。這樣一來，這些國家便保留了復興的餘裕，

對征服者來說則不啻為一種危險，相信始皇帝的政府對這一點應該有所自覺。

三　統治

對始皇帝來說，如何維持這一系列勝利所帶來的和平便是當務之急。秦自商鞅變法以來，以法家思想治國，始皇帝的丞相李斯亦是法家思想的信徒。法家將政治的最高使命和政治的源泉都歸為君主一人，提倡絕對的君主制並信仰法律的萬能主義。始皇帝剛剛統一天下，便廢棄了一直以來的王號而改稱「皇帝」，從而建立了此後兩千餘年在中國通行不廢的皇帝制度。而所謂「皇帝」，其實並不僅僅是中國人民的統治者，更被認為是全人類的支配者，是不允許有任何對立物存在的。同時，在作為專有名詞的「皇帝」前亦不能加有任何限定性的形容詞。始皇帝並不是秦的皇帝，而只是皇帝。其中的「始」表示的則是一世的意思，只是為了在其死後表示與下一個皇帝之區別的謚號[3]，皇帝在世時的稱號就是「皇帝」。世界上能稱為皇帝的只有一人，就連中國以外國家的君主與人民，也全部處於這位元皇帝的威權之下。

既然由皇帝直接統治的中國已經統一，也就意味着在此區域內必須推行公平而劃一的統治政策。秦政府將全國劃為三十六個郡，每個郡下設若干縣，郡設郡守，縣設縣令。縣令直接管理人民，而郡守則監督縣令。這種制度與古代波斯帝國的薩特拉庇亞（satrapy）行省制有所類似。新制度下的郡守和縣令直接由皇帝委任，他們不能如之前封建制下的王公那般享有對土地和人民的私有權。而同時，地方官員也不再是當地人民的代表者，而是作為中央政府的派

遣人員，通過中央所制定的法律來管理人民。而秦政府所制定的統一的法律，其實並未考慮到各地域本身的特殊性。秦正是在這一點上招致了地方人民的反感。

戰國時期，全國各地都有自己的制度，其法律、習慣、文字和度量衡也是各自不同的。而始皇帝則用秦國的制度將之全部統一。在這其中最為成功的便是文字的統一。在幅員遼闊的中國境內混合了各種民族，其方言也隨着地域的不同而各異，直到今日，南北各地仍然說着互不相通的方言。然而從秦代開始，因文字統一之故，各地區人民才有了相同的經典和文字，可以引用同樣的古代典故進行書面交流，從而達到了互相理解的目的。數以億計的中國人能夠在政治和文化上統一，正是建立在文字統一的基礎上的，這一點絕不容忽視。

而始皇帝為了加強這種統一，還施行了其他政策。其中之一便是巡幸新帝國之領土的制度，對於將舊時代的諸侯王奉為至高無上的存在的各地人民來說，巡幸不啻為使其明白新皇帝之威權的一種示威。皇帝在其所至的名勝之地亦曾刻石立碑，以炫耀自己之功業及訓誡人民，這些石碑的殘片也一直流傳到了今日。為了巡幸之便，全國各地修建了寬廣且植有行道樹的大道，同時，作為軍用道路，在地方叛亂之時，可以迅速通過這種大道派遣軍隊。新帝國統治者的這種措施，也與古代波斯的大流士一世所推行的政策相似。

始皇帝巡幸至渤海，聽聞海上的蓬萊等神山之上有神仙和不死之藥，隨即命令徐市（一名徐福）率領童男童女數千人前往海上訪求不死之藥。傳說中，入海的徐市最後漂流到日本。

此後始皇帝繼續南巡，渡過長江到達今湖南境內，他在此地得

到報告稱，位於湘水的南方上游之地，與秦國隔水相望的南越國地臨南海，頗多珍奇異寶。皇帝遂在數年的準備之後派出遠征軍，得到了現今廣東一帶的領土，將之劃分為新建的三個郡。需要注意的是，此三郡中的象郡，舊說均以為位於今越南中部，其實應是位於今廣西壯族自治區的中心地帶。

南征固然動搖了國內的安定，令人民疲憊至極，然而比南征更騷擾民心的是皇帝對北方的經營。內外蒙古之地，自古以來居住着諸多遊牧民族，雖說這些遊牧民族從西亞的先進文化圈習得騎兵戰術的歷史並不那麼久遠，然而一旦獲得了這種技術，好戰的他們便形成了以匈奴族為中心的強大勢力。在北巡之際看到了他們的強盛之後，始皇帝馬上派出三十萬大軍討伐匈奴，將其趕往更為遙遠的北方地區，並佔領了一部分土地，又為了守住這些領土而修建了萬里長城。秦長城與後世的長城一樣，圍起了帝國北方的邊界，自西包裹着河套地區，隨着陰山山脈，一直穿過遼河，延伸到了東部。

中國人從來都是農耕民族，此前的戰爭中，對馬的使用也僅限於馬拉戰車，並沒有遊牧民族那樣騎在馬上作戰的騎兵。而依賴於畜牧業的北方遊牧民族則正好與之相反，他們整天騎在馬上生活，擁有較高的機動性。也正因此，戰國時代的北方諸國為了防禦遊牧民族的奇襲，曾分別修建長城以自衛。秦帝國亦蹈襲了這種防禦手段，可是對秦帝國來說，這一手段相較皇帝制度多少顯得有些格格不入。既然皇帝不允許有任何對立面的存在，那麼修築長城以自衛的行為，便是放棄長城以外的土地，進而承認北方存在着對立政權之舉。而這也正是皇帝制度所不能達到的界限。

此外，秦政府為了使政權更為牢固，更進一步地對思想進行了

統一。春秋以來，各國學問繁榮，自儒家、墨家開始，流行着諸子百家豐富多彩的學說。而其中的法家因為形成時間較晚，在民間的基礎最為薄弱，只能依靠政府的強制規定來確保其官學的權勢。始皇帝晚年採納了丞相李斯的建議，禁絕以儒教為首的諸子百家，將除了秦國歷史、醫學、藥學、農業、卜筮之外的其他書籍統統燒毀，只留下法家的相關文獻供官吏學習和民間教授。對此政策持有異議的民間學子則被定罪為「誹謗」，秦政府將其中的四百六十人逮捕之後予以活埋。這便是被後世稱為始皇帝虐政的「焚書坑儒」。

四 幻滅

最終，無論始皇帝的種種政策是為了強化同一而不得不為，抑或在具體實施上有所失當，其中的大多數政策終究引起了民間的騷亂，招致了人民的反感。始皇帝固然勤於政務，每天都處理着如山的文書，可他並不曾側耳傾聽民間的聲音，而只是獨斷專行，自然免不了在某些事上做得過分。天下統一之際，始皇帝曾徙諸國豪族十二萬至國都，用以加強中央而弱化地方的權力。此外他還曾糾集七十萬罪人以興建巨大的工程，包括營造國都的阿房宮和修建位於驪山的他自己的陵墓。陵墓的槨室深入地下，室內上仿天體，下仿地形，以長流的水銀仿照大海河川，一旦遭到外部侵入，還會自動發射弩箭。1974 年偶然發現的始皇帝陵的一部分，就已經挖掘出了大量戰士和軍馬的塑像。

始皇帝在最後一次南巡返途經過河北之時得病而死（前 210年），在位三十八年。歷來被認作暴君之代表的他，在當代卻受到了不同的評價。誠然，始皇帝艱難地完成了中國的統一，為此後中

國的發展指明了方向；廢除了此前的奴隸制度，將中國導向封建社會等。始皇帝有在新學說背景下被重新討論的價值。可我們更需要知道的是，他的政治理念中存在着巨大的缺陷。

始皇帝所信奉的法家學說，建立在人性本惡的觀點之上，絕不承認自然的人情世故所帶來的弱點，並企圖以法律之力量將之杜絕，從不予人民以休息的間隙，而是使之成為政府積極政策的犧牲品。皇帝頒行的法律人民必須嚴格遵守，而違反者亦必然招致嚴峻的刑罰。這導致了重刑主義、恐怖政治和秘密政治的產生。法律的源泉既然是皇帝的意志，便沒有任何手段可以抑制皇帝那超越法律的絕對權威。也正是在這一點上，存在着一個絕大的制度漏洞。亦即是說，無論皇帝本身是多麼唯我獨尊，在行使其權力的過程中，仍然需要其身側助手的協助。而這位身側的助手，因為常年與皇帝行動一致，在外部看來，其人與皇帝的區別也漸漸地消失了。這種可以預見的隱憂，隨着始皇帝的死亡，很快便成為了現實。

在始皇帝身側的有力者，除了丞相李斯之外便是宦官趙高。當始皇帝死於巡幸的歸途中之後，兩人決定秘不發喪，在到達國都之前籌劃並施行一場重大的陰謀，其他的大臣對此一無所知，或雖有所察覺，但在可能的重刑之下選擇沉默。兩人計劃：第一步，先除掉始皇帝選定的繼承人太子扶蘇，將偽造的始皇帝詔書送至扶蘇之處並令其自殺；第二步，以始皇帝的名義選定繼承人，在回到國都之時立即發喪，並擁立始皇帝的昏庸少子胡亥；第三步，剷除所有反對派，肅清太子的近臣蒙恬、部分其他大臣、胡亥的兄弟輩及其他宗室成員。當這些計劃全部付諸實施之後，則是李斯與趙高的權力鬥爭，而趙高則在這場鬥爭中取得勝利並掌握大權。不過，天下

的政治終非一介宦官所能掌握。就連國都人民也對政府失去了希望，更不用說那些無時無刻不在期盼着始皇帝式的政治幻滅的六國舊民了。面對蜂擁而起的各國人民，秦政府是那麼脆弱，而其所擁有的天下最終也無可避免地走向了崩壞。

參考書目

桑原騭藏《秦始皇帝》(《桑原騭藏全集》第一卷《東洋史説苑》所收，1969 年，岩波書店) 一文繁簡適中，便於初學。而更詳細的材料則需參照司馬遷《史記》(1962 年，築摩書房) 卷六《始皇本紀》。《史記》雖説是中國古代典籍，可至今已有數種日語譯本，一般讀者也可讀懂。另外，對始皇帝的研究至今雖無專書，然而在一般的東洋史、中國史概説讀物中大多設有和其相關的章節。

註釋

1　編者按：本篇原題為〈秦始皇〉，小節劃分及標題為中文版編輯所加。全書的「編者註」和「譯者註」分別為中文版編輯和譯者所加，凡未説明者均為作者宮崎市定的原註。

2　譯者按：作者此處的「古代社會」，指的是按其對中國歷史四分法所定義的「古代」。參見《宮崎市定中國史》總論第二節「時代區分論」中「我的四分法」：「我的方法在總體上採用四分法，其內容是古代＝太古及漢代，中世＝三國至唐末五代，近世＝宋至清朝滅亡，最近世＝中華民國以後。」浙江人民出版社，2015 年，頁 27。

3　編者按：實際上秦始皇並沒有諡號。他廢除了諡法。據《史記·秦始皇本紀》載，秦始皇稱：「自今已來，除諡法，朕為始皇帝。後世以計數，二世三世至於萬世，傳之無窮。」

2 | 漢武帝：威震四方

漢武帝（前 156—前 87 年）是漢王朝的第七位君主（前 141—前 87 年在位），廟號世宗，16 歲即位，在位五十五年，死後葬於茂陵。漢武帝對內抑制了諸侯國的權力，統一了思想，制定了曆法並加強了中央集權；對外則再次彰顯了秦末以來暫時凌夷的國威，向着東西南北四方擴張領土。漢武帝常被認為是跨王朝的秦始皇之後繼者，是將始皇帝開創的古代帝國真正完成的君主。[1]

武帝是景帝之子，名徹，其繼承父親的皇位之時，離漢帝國的建國已經過去了大約 60 年，正逢應當改變內政外交的舊有惰性、革新諸政的時候。此時的武帝亦是年少氣盛，大規模任用新人，通過提拔司馬相如、東方朔等文學之士，有計劃地排除了因循無為的老臣，以便推進具有活力的積極政策。

武帝在外交上作出的最大改變與北方的匈奴有關。在今蒙古附近居住的遊牧民族匈奴自秦末以來頗為強盛，漢帝國自國初以來為了避免受其侵略，曾與之締結過屈辱性的和平條約，年年贈予大量的財物以結其歡心。然而，正是善用了這一和平階段，漢政府慢慢

恢復了國力，儲備糧食和武器，武帝從而得以對匈奴採取攻勢，連年派出遠征軍與其作戰，最終將匈奴主力驅逐至大沙漠以北，並將歸降漢政府的匈奴屬國部署在長城之北以充當警戒，確保了國境的安全。

關於遠征軍的指揮官，武帝並未重用前朝以來便廣為人知的名將李廣。李廣久有老將之名，而武帝卻以為軍隊應交給青壯年來指揮。是以武帝隨後所任用的將軍如衛青、霍去病等人，均為武帝的同齡人。這兩人又都身為武帝的側近之臣，因為與武帝的私人關係而備受矚目。不過就當時而言，若要眾人接受黜退老將而拔擢新人的事實，任用側近之臣便是唯一可行的途徑了。當然，武帝選人的正確性，也可據隨後的事實得以證明。

武帝對匈奴的遠征，就此打開了通往西方世界 —— 即當時所謂「西域」—— 的交通。自秦至漢初，萬里長城的西半部分都是沿着黃河修建的，而自武帝攻擊匈奴，平定了今甘肅附近之後，將長城的西部北移到了如今的位置上，從而打開了新長城南側的通商道路，使商旅得以自玉門關沿着沙漠的邊緣進入新疆。而漢帝國的大軍更是在這之前，便翻越了帕米爾高原，攻滅了錫爾河流域伊朗系民族所建立的大宛國，帶着獲得的三千匹良馬回國 —— 這種良馬應該與阿拉伯系的馬匹是同一品種。

而在大宛西南方向的阿姆河流域，從今新疆附近遷徙過去的烏孫族所建立的大夏國甚為強大。武帝聽聞烏孫乃是匈奴之仇敵，便派出張騫前往，謀求與其建立同盟[2]。儘管這一軍事同盟最終並未締結，然而張騫滯留大夏等國多年，其間更曾遠赴位於地中海以西諸國，成功帶回了關於其他繁榮昌盛的古文明的相關知識，並將之報

告給武帝。從此以後，東西交通大開，商旅往來頻繁，許多聞所未聞的動植物輸入了中國。不過需要說明的是，這種交流並非因為張騫才從無到有地產生，而是長久以來緩慢而持續地發展的東西方交流之結果。

自秦代以來，長城的東端便一直修建到了朝鮮半島，而武帝則更進一步地攻滅了當時中國人衛氏在該地所建立的朝鮮國，並將之納為漢帝國的郡縣。其中位於今天平壤附近的樂浪郡，更成為漢帝國的政治和文化輸出的前站，也正是通過此地，當時名為「倭」的日本的存在才為中國人所知曉。

在南方，武帝攻滅了乘秦末大亂而獨立的南越國，將嶺南地區再度納為郡縣，而今天的廣東，也因此成為印度和南洋物產的輸入口。

在內政方面，武帝實行了和始皇帝同樣的中央集權政策。漢初以來，封建制和郡縣制一度並行不廢。武帝為了擊潰諸侯國的勢力，採取了將大諸侯國漸漸劃分為小國的計劃，又廢除了各諸侯國內以當地國君在位年數紀年的規定，統一按照天子所頒佈的年號紀年。與此相關的則是新曆法的制定和將此曆法推行至全國各地的舉措。從此以後，凡有國家使用中國之年號和曆日，即被視為對中國的臣服。

武帝還採納了董仲舒的建議——獎勵儒教並以其統一思想。這並非是對儒教的「一面倒」，而只是確定了儒教作為政府推行的教育方針的地位。從此開始的，便是在今後兩千多年間無關朝代更迭，以儒教教義為基礎的官僚體制。武帝採用了較為柔和的政策，這也幫助他實現了始皇帝未能實現的中國統一之理想。

自古以來，對武帝的評價便談不上太好，不過就像近年來對始皇帝的評價漸漸上升一樣，與之相似的武帝似乎也正為人所重新評價着。

參考書目

據吉川幸次郎《漢武帝》（1950 年，岩波書店）所言，表面上生活奢侈的武帝，在家庭生活中其實格外地孤獨，不過是個不幸的人。這一觀點頗為有趣。而我所寫的這篇小文中，並未觸及到對武帝私人生活的相關記述。因此，把《漢武帝》一書作為一種補充閱讀，應該是頗為有益的。

註釋

1　編者按：原題為〈漢武帝〉。

2　譯者按：據《史記・大宛列傳》所引張騫上書、《漢書・張騫傳》及《漢書・西域傳》，作者此處數句有幾處錯誤：一、烏孫與大夏應是兩個不相干的地方。二、作者稱烏孫在「大宛西南」，實則位於大宛西南的是大夏，而烏孫則在大宛東北。三、武帝聽聞與匈奴為敵的乃是大宛之西的月氏，而非大夏或烏孫。

3 | 康熙帝：養兒不教

曾在康熙帝（1654—1722 年）身側侍奉的耶穌會傳教士路易・勒孔特（Louis Le Comte，中文名李明）在滯留北京五年之後回國，於巴黎出版了著作《中國近事報道》（*Nouveaux Mémoires sur L'état Présent de la Chine*），而此書的書前插畫，是一幅皇帝三十二歲時的肖像畫。[1]

根據李明的記載，康熙帝個子不高，稍顯豐滿，卻也並不肥胖，五官扁平而額頭寬廣，眼睛和鼻子比起其他中國人來都要小一點，嘴巴小巧，使整張臉的下半部分非常有魅力。不過，以上的記述是站在法國人的立場上進行的，所描述的不過是一幅東方人的標準像，看不出和其他東方人的區別在哪裏。而就我們對皇帝畫像的印象來說，卻確實從此畫中可以感受到了筋骨強健之氣，或許會使人聯想到拳擊手或摔跤手。當然，這很可能是因為康熙帝本人在繼承了其滿洲祖先的樸實氣質的同時也是一位武藝達人吧。據說，皇帝可以在馬上拉開五人方能拉開的大弓，射出兩倍於一般長度的大箭，而且百發百中。

從 1661 年八歲繼位，到這張畫像完成時的三十二歲，康熙帝平定了三藩之亂，又消滅了台灣的鄭氏政權，從而完全掌控了傳統意義上的中國本土區域，這便是他在位第一階段的事業。而在此後的第二階段中，康熙帝又與俄國締結了《尼布楚條約》，抑制其南下侵犯中國領土的勢頭，擊敗了在蒙古援助下崛起於天山北路的準噶爾部落之酋長噶爾丹，還將西藏納入保護之下。自此，大清帝國的大致版圖已漸漸形成，時間也來到了帝國全盛之時。

　　不過，取得這些功業，並非僅僅因為皇帝陛下的英明神武。當時恰逢滿族最為興盛之時，內部強固而統一。此外，西洋的優秀技術亦不容忽視。擊潰準噶爾部有賴於耶穌會教士所鑄造的大炮之威，進攻台灣更是離不開荷蘭海軍的援助。皇帝陛下身染瘧疾之時，也完全是因為傳教士獻上的金雞納霜才得以脫離危險。而皇帝的外征內治，也是建立在中國豐富的資源和經濟實力之上的。正是以上三點的結合，促成了康熙帝作為統治者的成功。

　　然而，作為統治者而被後世稱為明君的康熙帝，作為其家庭的一分子卻是失責的。早熟的皇帝在十四歲時便有了庶長子，此後僅男性後嗣便有三十五人。不過生是生下了，皇帝卻並未擔負起相關的責任去教育他們。正如西方諺語所說，當上父親誠然不易，成為父親卻更為艱難。

　　皇帝於二十一歲所生的嫡長子，在出生不久便被封為皇太子，而這也成為皇帝對其縱容的開始。長大之後的皇太子，在側近之人的影響下，漸漸成了一個連筷子都拿不好的惡少。而其他皇子之中，也因此出現了欲取太子而代之的陰謀家。朝中大臣也好像賭馬那樣分別團結在不同皇子的身邊。

為了懲戒皇太子，康熙帝曾一度將之廢黜。而在稍微得知太子有所反省之後，又再次將之立為太子。可實際上，太子所為的惡業卻絲毫不見減少，甚至為了早早即位，還計劃謀害父親。皇帝最終下定決心又一次廢黜太子。最終，這一系列事情嚴重損害了他的健康，令他在六十幾歲時帶着懊惱去世。至於如何使康熙帝的功業不至於從國家內部崩壞，則是下一代的雍正帝所需要思考的了。

4 | 隋煬帝：亂始亂終

隋煬帝（569—618 年）姓楊名廣，繼承了其父文帝（541—604年）的皇位，成為了隋朝的第二代皇帝（604—618 年在位）。繼其父攻滅南朝陳，統一南北之後，煬帝推行了諸多積極政策，如開通大運河方便南北交通，進一步繁榮與西域、南海的貿易往來，開始與日本的交流等。然而，屢次對高麗的征伐最終使得國勢衰微，四方亂起，煬帝自身也被謀殺於巡幸之所江都。[1]

一　上位

隋煬帝通常被認為是中國歷史上具有代表性的暴君和王朝覆滅的責任者之一，然而這樣的評論終究是有所誇張的，在此處不得不進行修正。比如其即位之際弒殺其父文帝的傳言，就並非是所有史學家都認定的信史。繼隋而興的唐朝人，為了主張本朝的正統性，經常對前代抱有惡言，並將所有罪惡都歸咎於煬帝，唐修《隋書》中關於文帝之死也語焉不詳。然而宋代的司馬光在深究史料之後，於《資治通鑑》中卻採用了對文帝被弒說抱有疑問的筆法。[2] 雖說對

宮中秘事的考證頗難進行，可是考慮到當時的各種情況，煬帝並沒有進行弒逆的必然性。

此外還有一種觀點將隋代的歷史分為「明暗二色」。文帝的時代是和平的黃金時代；而煬帝一反前政，實行暴虐的統治，最終導致了隋的滅亡。這種看法無疑也是不正確的。在煬帝即位之時，其父文帝所獲得的評價實在不高，甚至可以說，煬帝是背負着父親所遺留的諸多負擔而即位的，終究也無法擺脫宿命。而為了探究這一點，則需要回溯並考察此前百年的歷史。

由拓跋族建立的北魏王朝曾征服華北一帶，被稱為「北朝」。而當時間來到六世紀，北魏已漸漸衰落，以國境警備軍的叛亂為契機，分裂為東魏和西魏 (534 年、535 年)。東魏和西魏的皇帝只是擺設，真正的實權掌握在身為軍閥的大臣之手。其中，建都長安的西魏，其宰相宇文泰本是長城以北的武川鎮的將校，與其同僚一起在長安建立了西魏王朝，用以抵抗東魏。與東魏相比，西魏土地狹窄、人口稀少、物資匱乏，然而西魏之所以始終未在與東魏的攻防戰中屈服，則完全依賴於以宇文氏為中心的武川鎮軍閥的彼此團結。不僅如此，宇文泰死後，其子很快篡奪了西魏政權，建立了北周，而北周第三代皇帝周武帝甚至還攻滅了篡奪東魏而成的北齊，統一了北方地區。然而，到武帝之子宣帝、宣帝之子靜帝時，身為外戚的楊堅漸漸掌握了實權，最終廢黜了靜帝並即皇帝位 (581 年)。楊堅即隋文帝，也就是煬帝之父。

楊氏與宇文氏雖同為武川系軍閥，但其家族在整個武川系中只能算是二流，而且憑藉一時運勢便篡奪天子之位的行為，更會招致一流貴族們的反感甚至侮蔑。再加上易姓革命所必然帶來的肅清

和殺戮，更被認為是對向來團結一致的武川系軍閥的背叛，遭受非議自是難免。因此，對自己弱點頗有自覺的文帝養成了強烈的猜忌心，從不信賴任何大臣大將，對有才能之人亦甚為疏遠。並無腹心之臣的文帝，無論多瑣碎的政務均事必躬親，不通過種種密探監視臣下便不自安。

不過，幸運的是，乘着南朝陳的衰落，文帝將之攻滅並結束了南北朝的分裂狀態，成功統一了天下（589 年）。然而正是這場南征為將來的禍患埋下了種子，南征的總指揮官、文帝次子楊廣即後來的煬帝，即便其總指揮之號只是徒有其名，然而功業畢竟是功業，因此而聲名漸起的楊廣，就此與長兄皇太子楊勇展開了一系列權力鬥爭。

更可悲的是，文帝本人享有「恐妻家」之名，握有權力的皇后儘管同時是皇太子和次子楊廣的生母，卻大為偏愛後者。在母后的庇護之下，楊廣結交了朝中大臣楊素，從而向文帝進讒，廢黜了皇太子，坐上了本屬於太子的寶座（600 年）。兩年之後，皇后去世，文帝則在皇后死後兩年去世，此時從太子晉升為皇帝的，便是煬帝了。

二 施政與滅亡

文帝對北周的篡奪本屬非理，而煬帝的即位過程則更加非理，新天子的地位從一開始便處於不安之中。當他聽聞父親的死訊之後，甚至先派出處死楊勇的使者，然後才為父發喪，繼而即位。知曉此事的末弟楊諒，則馬上從長城旁的軍事基地舉兵叛亂——隨即被煬帝討平。

從一開始便享有惡名的天子，展開施政計劃時自然有必要顧及他人目光，從而達到拉攏人心的目的。在這種情況下，煬帝首先施行的便是大運河的開鑿。中國的河川大致上都是自西向東流，所以東西之間的水運非常便利，南北交通則飽受這種地理特徵所帶來的妨礙。在實際生活中，南北之間的商務交通卻又是必需的。是以煬帝即位的第二年，即着手通過開鑿永濟渠、通濟渠、邗溝、江南河這四段運河，將由北至南的海河、黃河、淮水、長江、錢塘江這五條大河連接起來，這項工程在隨後數年間完成。這樣一來，海河之水理論上便和長江及其支流徹底貫通。當然，由於各條河川的水量各異，從北方南下的話，必須換好幾次船才行。儘管如此，南北之間的交通還是因為運河的存在而大大改善了。

　　面對四方邊界，煬帝也同樣採取了積極的政策。其中，煬帝曾親征並擊敗了位於敦煌走廊南面、威脅到中原政權的吐谷渾，而後又在班師回京的路上在涼州接見了西域 20 餘國的君主或使者，最後在東都洛陽招集西域商人，開設了可作為範本的國際市場。此外，煬帝還征服了位於越南南部的林邑國並使其朝貢，又派遣特使前往位於蘇門答臘島的赤土國，命其王子前往中國朝覲。

　　對東方，隋帝則有征伐琉球之令──需要注意的是，此處的琉球並非今天的沖繩，而是台灣島或更為南方之地。而日本的小野妹子也受隋朝邀請，前來謁見煬帝（607 年）。其時的小野更是以其所遞上國書中「日出處天子致日沒處天子」的抬頭而飽受物議。

　　在北方，煬帝修復了長城並親為巡邊，其間還以君主對臣子之禮接見了雄踞戈壁沙漠的突厥大君啟民可汗。然而，位於突厥東面的高句麗卻並未屈服於煬帝的朝覲要求。此國以平壤為都，向東覆

蓋了朝鮮半島的大部分地區，向西則一直延伸到遼河平原，國力正當強盛之時。可以看出，高句麗拒絕朝覲並不是煬帝發動戰爭的唯一理由，而煬帝強行進行遠征的結果，卻是一場慘淡的敗北（612年）。為了皇帝的威嚴，他隨後不得不發起的第二次遠征，卻直接造成了已故重臣楊素之子楊玄感的謀反，為了撲滅叛亂，煬帝又不得不將遠征軍撤回，這也再次讓皇帝陛下顏面無存。而之後第三次遠征的所謂勝利帶來的，僅僅只是高句麗表面上的臣服罷了。

以三征高句麗的失敗為契機，疲於各種土木工程和對外遠征的人民發起了多次叛亂。而留守國都的軍隊亦人心惶惶。身處外地的煬帝不得不招募新的近衛軍，沿着大運河來到江都（今揚州）的離宮以觀望形勢。隨着叛亂的擴大，武川系名門李淵更在國都擁立了煬帝之孫楊侑為帝（617年）。而思鄉心切的近衛軍也發動了兵變，殺害了煬帝一族（618年），踏上北返之途。在此之後，廢除隋帝的李淵，最終成為了後世所稱的唐高祖。

參考書目

宮崎市定《隋煬帝》（《中國人物叢書》四，1965年，人物往來社）和布目潮渢《隋煬帝與唐太宗 —— 暴君與明君的虛實》二書致力於以史料批判的手法，對煬帝這位向來被無條件地劃歸為暴君的君主，進行探明真相的工作，可供參看。

註釋

1　編者按：原題為〈隋煬帝〉，小節劃分及標題為編者所加。

2　譯者按：關於煬帝弒逆說，可參司馬光《資治通鑑考異》隋仁壽四年七月條下引《大業略記》等書的記載。而司馬光在排比了這些史料之後，還是選擇「從《隋書》」的寫法，即作者此處所說的「對文帝被弒說抱有疑問」。

5 | 雍正帝：政改與轉折

雍正帝（1678—1735 年）是中國清朝自建國以來第五代、統一中原以來的第三代君主（1722—1735 年在位）。雍正帝推行了諸多政治改革政策，使得清朝對中國的統治變得更為牢固。而中國自宋以來的君主獨裁統治，經過明太祖洪武帝（1368—1398 年在位）和明成祖永樂帝（1402—1424 年在位），在雍正帝手中達到了頂峰。[1]

一　國有長君

雍正帝姓愛新覺羅，名胤禛，廟號世宗，謚號的略稱則是憲皇帝。因即位次年改元雍正並在統治的十三年間一直使用這一年號，故在此文中稱其為雍正帝。

康熙帝有三十五子，其中嫡出的第二子為允禔[2]，雍正帝則是第四子。康熙帝在位六十一年（1661—1722 年），內治外征，取得了不少功業，然而他長久以來卻一直為家庭內的不和而困擾。這種不和具體而言，便是諸位皇子結交外臣，為了將來的皇位而互相排擠的行為。而那位第二子，也因自身的失德，成為了黨派鬥爭的犧牲

品，兩度被立為皇太子之後又兩度被廢。這件事也直接使得康熙帝在生前最後的日子裏無心另立儲君，當他創造了史上最長的在位記錄駕崩之時，只是留下遺詔，令雍正帝即位。而此時的雍正帝，已是四十五歲了。

長時間身處潛邸的生活，使雍正帝得以詳盡觀察當時政治和社會上的弊病，並立下了改革的決心。而他即位後首先做的，便是瓦解朝廷裏林立的派系，為此不惜剝奪那些對新政不滿的兄弟皇子的宗室族籍，並將之監禁。此外，他還肅清了從前的得力大臣，如滿洲出身的隆科多和漢人出身的年羹堯。這些所謂的朋黨，其實是前朝康熙帝長達 60 餘年的治世期間奉行寬大政策所釀成的結果，更受到了與官僚體制緊密結合的科舉制度的助長。因此，雍正帝對科舉出身獨佔高位者並不以為然，相反更偏愛出身不正而才能出眾之人。為此，皇帝不憚重用那些由捐納 —— 即買官制度出身，卻有一定政績的官員。宋代的歐陽修曾著〈朋黨論〉，倡言君子可以結朋立黨而小人則不可。對此，雍正帝特為著述〈御制朋黨論〉一篇，將歐陽修的觀點斥為邪說，並諭示：無論甚麼樣的官僚都不應該結交朋黨。

當時的官僚制度已有了兩千年左右的歷史積澱，徹底流於形式而不重實效。應該輔佐天子的內閣，卻只是人浮於事，根本不堪應變。對此，雍正帝特為設立了軍機處這一機構，包括數名大臣和位於其下的書記官 —— 即所謂的「章京」，國家的緊急要務可直接經過軍機處抵達天子手中，天子的命令也經由軍機處直接到達各種對應的機構。如此一來，內閣大學士徹底成了閒職，而軍機處大臣則成為了實際上的宰相，靈活地處理各種政務。

二　朱批諭旨

　　關於地方政治的改善，雍正帝也傾注了全部熱情。對於身處九重宮門之內的天子來說，不能徹底把握地方上的實情着實令他困擾。而且繁冗的官僚機構，使地方上的報告在提交之後不得不經過數重官僚之手，有被篡改的可能，幾乎無法原樣地抵達天子之處。對此，雍正帝在官僚機構的一般報告之外，還要求官僚以個人的身份和天子進行直接的文書往來，直接將未經修飾的情況報告天子。

　　雍正帝規定，各省的首席行政長官，如總督、巡撫和其下的布政使、按察使、提督，以及其下的道台、知府等，在公開文書之外，還需向天子提供秘密報告和奏摺，將地方上的經濟形勢、物價、天氣、治安、官吏之評判等情況事無巨細地上報天子。而這種文書無須經由上級機構，直接經特使、宦官之手，送至天子之處。天子則仔細閱讀每一封文書，用朱筆在行間批示其感想，或是寫下一些訓誡，或是在篇末留下餘白，指示官員在此回覆。而這也就是所謂的「朱批諭旨」，即由朱筆所批覆的聖旨。這種朱批諭旨將再次送達秘密上書者手中，上書者須拜讀天子的朱批，根據情況寫上回覆之後，再次將之送往天子之處。藉由這種私信往來，身處朝堂的天子得以接觸到地方上鮮活的實態，並對官僚朋黨隱藏事實的手法一清二楚。這些朱批諭旨雖然在雍正末年和乾隆初年兩次被選輯後付梓，然而未經公開的部分仍佔多數，文書原件已運至台灣，相關機構也在着手整理中。

　　時至今日，這批文書仍具有非常大的史料價值。首先，官僚用墨筆所書的奏摺，不啻為向明察的雍正帝所上的一種供狀，必須將

事情的真相毫無保留地寫出，如果加以粉飾，則皇帝只需參考他人的秘密上書，便會暴露。實際上，雍正帝在審讀奏摺時，也時時注意官僚是否在欺騙他，若發現了虛假的報告則會加以斥責。所以，將原奏摺和雍正帝的評判之語一起閱讀，我們便能得到一種密度和正確性都極高的十八世紀前半期的史料。而這也使得這部朱批諭旨成為了雍正時代史學研究的不二正典。

三　轉折一代

雍正帝在位十三年，與歷代的其他皇帝相比不算短，不過和其父康熙帝的六十一年、其子乾隆帝的六十年相比，卻是短得有些過分了。雖然如此，他在整個清代史上佔有的地位比起其父、其子來說甚至更為重要，直接關係到了作為清朝統治基礎的滿洲民族之融合的問題。籠統來說，雍正朝之前的滿洲人還只是樸素的戰士，而雍正朝之後的滿洲人則成為文明人。戰士和文明人固然互有長短，而身處雍正朝的滿洲人則是這兩種身份的中間物，同時擁有着二者的不同氣質。雍正帝本人及其非常信賴的大臣鄂爾泰，便是這樣的人物。而這也使擁有樸素滿洲人氣質的雍正帝得以意氣滿滿地行使皇帝的獨裁權力。

皇帝獨裁政治是興起於宋以後的中國之特殊政體，與古代的專制君主體制並不一樣。不過，這種制度實在可以說是君主政治的一種最高理想，而中國的雍正帝則可以說是將這種理想最大限度具象化之人。可以說清代的政治之所以要勝過歷代，完全是因為雍正一朝，包括前述的各種政策在內，雍正帝所彈精竭慮想出的政策，幾乎毫無例外地在後世被蹈襲和奉行，成為了清代本身的特色政治。

比如，有見官吏在俸祿微薄的情況下不可能務守廉潔，雍正帝便以「養廉銀」為名，增加了官吏的俸祿。此前的官吏公然以附加稅之名向民間索取額外的賄賂和禮物這一陋規，曾在官員低俸祿的時代成為一種合理的行為。對此，雍正帝則將此項附加稅確定為制度，並將之公開公平地分配給了官吏。

有鑒於其父康熙帝冊立太子的失敗，雍正帝沒有冊立太子。他認為，在年輕時就被選為太子，可能會過早地為官僚們的諂媚所包圍，從而成為無用之人。不過為了防止皇帝在指明後嗣繼承人之前就去世的情況出現，皇帝又在宮中正大光明殿的牌匾[3]之後，放置了一個藏有遺詔的小箱子，在遺詔上寫有天子所中意的皇子之名，以供大臣擁立新帝。這一系列過程，也就是所謂的「秘密建儲法」了。

在對外關係方面，雍正年間，清廷曾對西藏出兵，擊破了該地準噶爾部的勢力，平定了該地並將之納入版圖，並派出駐藏大臣。而下一次對天山南北路準噶爾部的征伐，則要留待接下來的乾隆帝。

康熙帝對基督教傳教士態度寬大，並為了利用他們而稍微放寬了對傳教的限制，然而雍正帝卻極為反對這一與中國傳統思想相反的外教並加以彈壓。雖說當時中國人的尊王攘夷思想所針對的，其實是身為征服者的滿洲人，不過雍正帝此舉，卻成功將矛頭轉移到了西洋人身上。而這一點，也間接證明了雍正時代乃是位於大歷史的轉換時期的事實。

參考書目

宮崎市定《雍正帝》(1950 年，岩波新書，《宮崎市定亞洲史論考》下卷所收， 1976 年)一書，以及雜誌《東洋史研究》第十五卷第四

號、第十六卷第四號、第十八卷第三號、第二十二卷第三號（分別由東洋史研究會發行於 1957、1958、1959、1963 年）這四冊的《雍正時代史研究》專號所收專門研究論文，在學界注重康熙、乾隆二朝而忽略了夾在其中的雍正時代的大背景下，致力於發掘這一時代的獨特價值，可以參看。

註釋

1　編者按：原題為〈清雍正帝〉，小節劃分及標題為編者所加。

2　譯者按：允禔原名「胤禔」。雍正帝即位後，為了加強自己的威權，令宗室兄弟輩將名字中與自己名字相同的「胤」字改為「允」字。詳參本書作者的另一部專著《雍正帝》。

3　譯者按：原文如此。實際上秘密健儲的遺詔是放在乾清宮的「正大光明」牌匾之後。

第二編

亂世宰相

6 李斯：人生如戲劇

　　李斯（？—前 208 年）出仕於秦始皇，助其統一天下，制定了
中國最初大帝國的統治方式，確立了官僚制度，並憑藉此功而官至
宰相。在始皇帝死後，其為宦官趙高陷害，最終被殺。[1]

　　關於被秦始皇任命為丞相協助其一統天下的李斯的生平資料，
今日所見的唯有《史記》卷八七《李斯列傳》這一篇了。在此謹根
據該篇列傳做一個大致上的介紹，若是讀者能進一步閱讀此列傳原
文，當更能欣賞到其如戲劇一般起承轉合的人生所展現的跌宕之美。

　　李斯生於西元前三世紀前半葉的上蔡，該地當時屬於楚國，今
位於河南省境內。在他擔任地方官衙小吏期間，目睹到倉庫中肥碩
的老鼠連人都不怕，而下水道中的老鼠則消瘦又畏懼人類和貓犬。
李斯因此感到，人類的境遇也如同老鼠那般，完全依賴於環境的好
壞，於是便前往荀子之處學習帝王之術。學成之後的李斯離楚去
秦，成為呂不韋客卿的他，就這樣進入了秦國的官場並逐漸升官。
然而呂不韋被免職之後，秦國政府改變了一貫的政策，發佈了驅逐
所有外國客卿的〈逐客令〉[2]。而李斯立即寫成反對此令的〈逐客論〉[3]，

向始皇帝建言〈逐客令〉的失策。採納了上書的始皇帝隨即取消了〈逐客令〉並開始重用李斯。當秦國開始進攻韓國之時，韓國將李斯在荀子處的學長韓非送入秦國，以圖暫緩秦軍的攻勢。因為害怕韓非會威脅到自己在秦王處的地位，李斯設下毒計將之陷害致死[4]。以上便是《史記》相關列傳中第一段的大致內容，描繪了懷有入世之心的青年李斯是怎樣立下仕秦之志，怎樣排除仕途上的障礙，怎樣採取各種手段向上爬的經歷。

彼時的秦國國勢日益隆盛，李斯的前途也一片光明。作為始皇帝的參謀，李斯成功離間了敵國君臣，再乘其內訌之際攻滅敵國。終於依次滅掉了韓、趙、魏、楚、燕、齊六國，建立了可以與古代波斯、羅馬帝國相比擬的、中國歷史上最初的大一統古代帝國（前221年）。而李斯也作為丞相，得以協助始皇帝參與到這個大帝國的統治中。他們的統治方針可概括為：將所有政治權力集中到皇帝身上，在地方上實行郡縣制，制定法律，統一文字和度量衡，統一思想，向四方進行領土擴張等。從此，李斯富貴已極，其兒女也得以和帝室通婚。以上是《李斯列傳》的第二段，描繪了李斯一生中最為幸運的時光。而在這一段的最後，藉由李斯本人對「物極則衰」的嗟歎，談到導向了其人生的下一階段。

為他命運帶來轉折的便是始皇帝之死（前210年）。始皇帝在最後一次巡幸地方之際，身邊除了丞相李斯、宦官趙高之外，還有在其二十餘子中較為年幼的少子胡亥。而在此次巡幸的歸途中，始皇帝病死於河北。皇帝在死前留下遺詔，命令此前在北方國境任蒙恬軍隊監督的長子扶蘇在看到遺詔之後，火速趕往國都迎接父喪。若此時的李斯能夠完全遵守天子之命，恐怕就沒有後來的那些事情

了吧。然而，恐怕是出於某種惡魔的耳語的緣故，趙高也得知了此事[5]。趙高向來對蒙氏抱有惡意，如若扶蘇即位，重用蒙恬，自己的地位必然不保。也正因為這樣，他便謀劃擁立與自己關係非常親密的胡亥。始皇帝的遺書此刻正在趙高手裏，而李斯也計劃在回到國都之前秘不發喪，正好為趙高的陰謀提供了時間。

趙高首先將始皇帝的遺詔示以胡亥，並以若是扶蘇就此即位後胡亥的不利之處向之遊說，使胡亥立下了參與這場陰謀的決心。隨後又向李斯進言，若是扶蘇即位，重用蒙恬，則李斯很可能如之前的秦相那樣被革職流放，繼而將李斯也納入己陣。正是這三人的合謀，才得以偽造始皇帝遺詔，將胡亥立為皇太子；同時又偽造一封遺詔，送與扶蘇和蒙恬，賜二人以死。結果，二人並未抵抗，扶蘇馬上自裁，而蒙恬則被解除兵權並下獄。實現了這些陰謀的胡亥，在回到都城之後馬上為父發喪並即皇帝位。從以上《李斯列傳》的第三段中可以看到，此前位極人臣的李斯，不過是優柔寡斷的俗物罷了。而他為趙高所誘惑，失去大臣應有的節操，也就此展開了成為惡魔的囚徒並隨之墮落的人生。

篡位的陰謀既告成功，還來不及慶幸的李斯，卻迎來了急轉直下的命運，最終墮落到了地獄的底層。而這，或許就是被惡魔所誘惑的必然結果吧。二世皇帝胡亥即位之後，李斯的生死完全掌握在趙高手裏。在趙高的蠱惑之下，二世對人民採取嚴刑峻法的同時，也在宮中過着驕奢淫逸的生活，全然不顧地方叛亂態勢的擴大。此時的李斯卻並未出於大臣的立場進諫，而是選擇依附趙高，對二世加以阿諛奉承。不過，常年擔任宰相一職的李斯，早已成為了趙高的眼中釘——如果說事到如今還有誰有能力發動針對趙高的政變

的話，那便是李斯了。因此，當地方叛亂不斷增加之時，趙高以李斯之子李由擔任叛地郡守卻不肯攻擊叛軍為由，企圖對李斯進行治罪。

李斯對此進行的抵抗便是向二世上書彈劾趙高之罪。然而，趙高早早地將二世置於深宮之中，讓其耽於享樂，切斷了皇帝與外界的溝通。在李斯上書和謁見的企圖全部落空的同時，二世對李斯的不滿也在加劇，繼而將失寵的李斯投入獄中，罪名是與其子李由圖謀造反，而受命查案、拷問李斯的正是趙高。年老的李斯不經拷問，只得在趙高偽造的口供上簽名，承認謀反一事[6]。看到趙高羅織的這份口供的二世，欣喜地說道：「微趙君，幾為丞相所賣。」最終，李斯就這樣被腰斬並夷三族於咸陽（前 208 年）。臨刑前，李斯曾對其中子說：「吾欲與若復牽黃犬，俱出上蔡東門逐狡兔，豈可得乎？」遂父子相對而泣。《李斯列傳》此處的記述，巧妙地呼應了最初李斯見到不同環境下的老鼠而立下壯志的故事，並就此結束了列傳的第四段，而後又續以一段終曲 —— 那便是二世和趙高二人那更為悲慘的末路。

地方起義軍的首領項羽，帶著擊破秦朝主力部隊的威名和他那如雲霞一般的大軍，很快臨近了舊秦國的國境，而起義軍的其中一支由劉邦帶領的部隊更是從間道入秦，直接威脅到了國都咸陽。面對這樣的危機，二世即便再怎麼愚蠢，想必也開始對趙高的專權有所察覺了吧。而意識到了這一點的趙高，竟然直接在宮中將二世殺害，並擁立二世的姪子子嬰即位，去帝號，重新改稱秦王。子嬰隨即與其子二人合計，將趙高誘入宮中誅殺，並夷滅其族。然而之後不久，劉邦的軍隊便兵臨城下，隨著子嬰出降，秦王朝也就此宣告

覆滅（前 206 年）。[7]

　　以上便是《李斯列傳》的大致內容。此傳的敍述，也的確如本文開始時所說的那般極具文學性，有一種戲劇之美。當然，將傳主的生平事跡分成起承轉合以方便理解，本來便是中國古代文學的一種格式，這也與李斯的人生非常契合。不過，在這種起承轉合的關鍵轉折之處，在列傳的敍述中往往出現了一些重要的「場景」。認真說來，這一類場景大抵並沒有甚麼史料根據，而可能只是來自漢初以來都中市集上說書人的講唱，最終經司馬遷之手將之洗練化並寫入《史記》。諸如傳中所引李斯的其他幾次上書，便很可能是如此形成的。當然，除去這些內容，李斯真正的生平，應該說是可以通過《史記》的記載而得以窺見的。

參考書目

《史記》卷八七《李斯列傳》無疑是閱讀本文時最重要的參考。《史記》一書有數種日語譯本，入手便利。而對《李斯列傳》本身的研究，則可參考宮崎市定〈讀《史記・李斯列傳》〉（《東洋史研究》第三五卷三號，1977 年 3 月）一文。

註釋

1　編者按：原題為〈李斯〉。

2　編者按：因韓國派水利專家鄭國入秦修建水渠，以計「疲秦」，後被秦王察覺。秦王遂下逐客之令，欲將從各國來的客卿驅逐出境，李斯亦在其列。

3　譯者按：此文據《史記・李斯列傳》及李善注本《文選》卷三十九，正式的篇名當為〈上書秦始皇〉，而後世則一般稱為〈諫逐客令〉。

4　譯者按：李斯與韓非之事不見於《李斯列傳》，而是《史記・老子韓非列傳》的內容。

5 譯者按：此處作者有誤。據《史記‧李斯列傳》：「始皇崩。書及璽皆在趙高所，獨子
   胡亥、丞相李斯、趙高及幸宦者五六人知始皇崩。」趙高一開始便知道始皇帝駕崩
   之事。

6 《史記‧李斯列傳》原文載有李斯下獄被拷問之後，趙高進一步陷害獄中的李斯，及李
   斯於獄中上書之事。

7 譯者按：作者此段關於李斯死後的敍述，除了根據《史記‧李斯列傳》之外，還參考
   了《史記‧秦本紀》的相關內容。如劉邦進入秦地後二世察覺趙高之專權，子嬰與其
   子二人合謀誅殺趙高，均採用了《秦本紀》的説法，而與《李斯列傳》有所出入。《李
   斯列傳》所載趙高「指鹿為馬」一事，也為作者所略去。

7 | 馮道：謎之忠於國

　　歷史上臭名昭著之人並不少見，而其惡名則往往被概括為幾種類型。其中，中國五代時的宰相馮道便是作為無節操、無廉恥這一類型的代表人物而為人所知的。然而事實是否果真如此呢？[1]

　　馮道生於唐末僖宗的中和二年（882 年），正逢黃巢佔領長安。不過因為馮道是離今日之北京甚近的瀛州人，遠離這場內亂的中心，得以免於沐浴戰火，從而順利地完成了初等教育。當他二十六歲之時，唐代為後梁所篡，中國再次大亂。在後梁以開封為都自居正統的同時，天下也處於四分五裂之中。其中，馮道家鄉附近的劉守光也在今北京之地自立為燕帝。出仕燕帝的馮道，曾因意見不合而為之投入監獄，而當燕帝為山西軍閥、國號為晉的李存勗攻滅之後，馮道又出仕於晉王。當時，晉與後梁的軍隊對峙於黃河流域，死鬥連年，晉國的諸將經常前往梁地，掠奪人民以為奴隸，也時常將其中的婦女贈予身為文官的馮道，而馮道只是在默默接受之後，便將婦女們加以保護，送回其親人之處。最後，晉國終於滅了後梁政權，平定了華北，成為了五代的第二個正統王朝 —— 後唐，而馮

道也就此進入中央，繼而當上了宰相。之後，雖然後晉政權在契丹的幫助下滅了後唐，馮道卻仍在新朝廷中保有宰相之位。後來，當契丹入侵中原、滅亡後晉、佔領國都開封之時，他依舊選擇侍奉新主──即後來所謂的遼太宗。而當契丹被趕走，後漢政權建立，馮道還是貴為宰相。最後，當後周又取代了後漢，馮道依然是後周太祖的重臣，並於後周的下一代君王世宗初年去世，享年七十三歲（954 年）。正史通常以為馮道曾事四朝十帝，在相位達 20 餘年云云，其實若是算上契丹，則有五朝；若是再算上最初的燕，則是六朝十二帝了。

而到了獨裁君主的大一統制度確立的宋代，史家開始對這位長樂於官位的馮道產生了巨大的厭惡之情，《新五代史》固然視之為毫無廉恥之人，就連《舊五代史》亦貶稱其為不忠。不過，以宋代這樣君臣名分已定的時代為基準，來回望五代亂世並對之採用同一標準的行為實際上並不妥當。而且我們還得聽聽馮道本人的見解。畢竟，馮道曾用「忠於國」這樣的話評價過自己 [2]。那麼，所謂的「忠於國」，究竟意味着甚麼呢？

我以為，中國的君臣觀念經過了長時間歷史的考驗，自然較日本人所能設想的要複雜得多。本來，中國人所以為的天子，其實是不得不成為侍奉人民之人的。臣下雖然侍奉天子，但他們侍奉天子的真正目的，乃是侍奉人民大眾。而一旦當時的天子不能侍奉人民，那麼臣下即使脫離天子直接侍奉人民，也是不得不被允許的。馮道之所以說「忠於國」而非「忠於君」，恐怕就是因為這個原因吧。

實際上就五代亂世而言，若是講求對一朝君王個人秉持同生共死般的忠誠，恐怕無論有幾條命都是不夠的吧。在這樣的世界，比

起「單數」的君主來説，「複數」的人民無疑更為重要。在這一點上，馮道的確稱得上是為人民盡心盡力的。當君主如後唐明宗那樣賢明之時，他更是能夠通過諷誦聶夷中〈傷田家〉詩的方式，提醒君主注意農民的辛苦。詩曰：

> 二月賣新絲，五月糶秋穀。醫得眼下瘡，剜卻心頭肉。我願君王心，化作光明燭。不照綺羅筵，遍照逃亡屋。[3]

而當後晉末年，契丹入侵之時，出現了比內亂更為淒慘的、如地獄圖般的民族戰爭。此時的馮道，卻從今河南南部來到都城，謁見契丹太宗，並建言：「此時百姓，佛再出救不得，惟皇帝救得。請勿殺傷百姓。」[4] 而最終契丹並未殺光佔領區內的所有漢人，似乎也可算是馮道的功勞。

可是馮道終究是晚節不保的。後周的名君世宗甫一即位，山西軍閥劉崇[5] 便大規模入侵。面對提出親征打算的世宗，馮道卻罕見地採取強硬態度進行勸諫。然而，不顧馮道進諫前往親征的世宗，卻漂亮地擊破敵軍凱旋。事實上，自世宗之朝開始，舊式的軍閥被逐漸淘汰而新式軍閥漸漸勃興。或許馮道只是擔心這位霸氣的新天子會在戰場上受到傷害而提出諫言，可他卻不明白，對於新軍閥的代表世宗來説，年事已高的他，不過是從舊時代偷生至今而應趕快退場的人罷了。

我在閱讀中國史書之時，每每感到北宋時代的史家那甚為公平的態度。無論《舊五代史》，抑或《新五代史》，對馮道雖頗具微詞，但都未曾忘記將其人之長處如實記錄。這對我們來説，便提供了一種正確評判馮道之人物形象的可能性。想來這便是宋代史家之所以勝過今日「一面倒」的史家之處吧。

註釋

1　編者按：原題為〈馮道與汪兆銘〉。中文版刪去論及汪兆銘部分。

2　譯者按：見馮道〈長樂老自敍〉，全文載《舊五代史‧馮道傳》。其中此句「忠於國」云云，亦為《新五代史‧馮道傳》所引用。

3　譯者按：作者此處引詩，乃據《舊五代史‧馮道傳》。據《全唐詩》六三六卷載，聶夷中所作〈詠田家〉(一作〈傷田家〉)，全文為「二月賣新絲，五月糶秋穀。醫得眼前瘡，剜卻心頭肉。我願君王心，化作光明燭。不照綺羅筵，只照逃亡屋。」

4　譯者按：此事《新五代史‧馮道傳》不載，作者乃據《舊五代史‧馮道傳》敍述。然而據《舊五代史‧馮道傳》原文，馮道乃由契丹太宗耶律德光「自襄、鄧召入」的，反而《新五代史‧馮道傳》說馮道是主動「朝耶律德光於京師」的。又《舊五代史‧馮道傳》載馮道對耶律德光語僅至「惟皇帝救得」，後面的「請勿殺傷百姓」乃是作者引用、翻譯時所加。

5　譯者按：作者此處從《舊五代史‧馮道傳》作「劉崇」，此人《新五代史‧馮道傳》作「劉旻」。

8 | 賈似道：南宋末年的宰相

一 身世

南宋末年，在湖州德清縣，生活着黃氏、胡氏兩位貧家出身的美人。黃氏本侍奉大族李仁本，而當李氏之女嫁給當時的天子理宗皇帝之弟榮王與芮之時，黃氏作為陪嫁也一起來到了榮王邸。身為榮王夫人的李氏雖無所出，但作為婢女的黃氏卻幸運地產下了一個男孩。此後，沒有男性子嗣的理宗皇帝駕崩，皇帝的侄子被立為天子，這便是度宗皇帝。而黃氏也成了天子的生母，被封為隆國夫人。另一邊，胡氏則嫁與萬安縣縣丞賈涉為妾。因賈涉嫡妻的嫉妒，產下一男的胡氏不久便被休去 [1]。此男名似道，字師憲，上有一姊，而其姊究竟是否為嫡妻所生，也無從知曉。此後的賈家時來運轉，賈涉官至淮東制置使，握有南宋北部國境的兵權。賈似道之姊賈氏更進入了天子理宗的後宮，雖未能如願成為皇后，卻專享着皇帝的恩寵，生下了周漢國公主。理宗並無其他子嗣，自然對這位掌上明珠十分喜愛，因此也就更加對賈氏言聽計從 [2]。而作為弟弟的似

道，在繼承二人父親所留下的各種有形無形的遺產之餘，也因為姊姊的裙帶關係，得到重用，被任命為太師、平章軍國事，可以說是將整個南宋的國運玩弄於股掌間的人物。不過，在賈似道漸漸立身的同時，其生母胡氏卻一直流落民間，直到母子二人再次幸運地見面，其母才因似道的顯貴而被封為齊國夫人。而因為與前文那位隆國夫人的同鄉之誼，齊國夫人屢屢被迎至禁中，與隆國夫人同寢敘舊。諸位或許已經將以上的內容看作在下對一樁古今奇觀的冗長介紹了吧，然而真正的歷史卻並不如古今奇觀那樣有着可喜可賀的大團圓結局。而作為此文的發端，若是讀者諸君在閱讀本文之前，就已對南宋社會種種婦系家族的繁榮有所了解 ── 這種繁榮積極說來是一種太平無事的體現，說得難聽些則不啻為一種人情萬能的社會運轉方式 ── 那麼作者無疑會銘感五內。

二　青雲

　　賈似道生於寧宗嘉定六年（1213 年）八月八日。當時其父涉方任萬安縣丞，而幾年之後的嘉定十二年（1219 年），便已身為淮東制置使。此時的賈似道大抵隨父往其在楚州的任所。當時，南宋的強敵金國已在蒙古的攻擊之下不復往日之威，淮東北部的流賊李全也趁此機會從金國獨立，利用蒙古和宋國兩種勢力，在山東附近確立了自己的地盤。在制置使賈涉的煽動下，李全成功牽制了金軍，使賈涉得以在與金國的戰爭中雖無大勝，卻也無大敗。而在隨後的嘉定十六年（1223 年），賈涉病死於制置使任上，賈似道時年十一歲。成年以後，因為父親的恩蔭，賈似道被授予籍田令，擔任嘉定一地的司倉工作。不過，就當時的世情而論，依靠父祖的餘德固然

能得到官職，然而若是不能憑藉自己的能力獲得進士頭銜，卻是不能得到世人尊敬的。而成為進士一般有兩種途徑：從底層參加科舉考試，或是先進入太學再參加科舉，無論哪種途徑都必須要通過數場競爭激烈的考試。此外尚有一條捷徑 —— 大臣貴戚之子可以免去之前的所有考試，直接參加殿試。所謂殿試，便是在宮中由天子親自擔任主考的具備儀式性甚至可以說戲劇性的一場考試。而殿試也無所謂落第之說，所有參加者均可獲得進士出身。恰好在此時，賈似道的姊姊憑藉姿色進入了天子後宮並得到其寵愛，成為了皇后的有力候補者之一，即便最終皇后之位不得不因為門第的關係而讓給謝氏，賈氏仍然受到了天子的偏愛，被立為僅次於皇后的貴妃。也正因為這位姊姊的懇請，賈似道得到了免除殿試前所有考試的資格，於嘉熙二年（1238 年）和其他讀書士子一起參加了殿試，順利進士及第。時年二十六的賈似道早已不是小孩子了，然而那位貴妃姊姊卻仍然非常擔心參加考試的弟弟，以至於在考試期間還命人從後宮送上湯藥飲食，不過此舉或許只是一種對考官們的示威，亦未可知[3]。

賈似道也就此獲得了和其父祖相應的地位，家中亦有相當財產，宮裏還有身為貴妃的姊姊作為保護者，萬事皆已達成的他，開始過放縱的生活。同時，因進士及第而獲得的太常丞、軍器監這樣的職位，亦沒有對應的實際工作需要去做。賈似道每日縱遊諸妓館，至夜即燕遊西湖不返。天子理宗曾夜憑高處，望見西湖中燈火明亮之處，便語左右：「此必似道也。」明日詢之果然。臨安府尹史岩之為此專門將似道戒飭了一番。而當似道離開後，史岩之卻這樣說道：「似道雖有少年氣習，然其材可大用也。」

位於天子腳下的臨安府是大運河與杭州灣的結合點。其附近一帶，自唐以來便是有名的穀物產地，成為南宋都城後，更令海陸物資在此地集中流通，生活既因此變得方便，從都城向西還可以飽覽湖山之勝，在享樂的便利度上，恐怕沒有其他地方可與此地相比了吧。不過，在臨安無所作為的冶游對年輕人來說並不合適，這或許是理宗皇帝的考慮，或許是作為姊姊的賈貴妃的想法，總而言之，賈似道很快便被任命為地方官員而離開了臨安。賈似道先出任澧州知州，後移任湖廣總領財賦，最終於淳祐六年（1246 年）在名將孟珙身故之後，繼任為京湖制置使。這裏「制置」作動詞，和「處置」是一個意思，而制置使大致相當於唐代的節度使，可並沒有節度使那麼大的權力。與之前總領財賦之官主要掌管財政類似，握有兵馬的制置使主要負責國家邊防。南宋後期，政府在與金國接壤的北部邊境通常設有三名制置使，自東向西分別為淮東（今江蘇）、淮西（今安徽）和京湖（今湖北）制置使，此外還在四川設有宣撫使。而在制置使之上，雖然還設有制置大使、安撫使、安撫大使等官職，然其職掌卻與制置使並無很大的差別。淳祐七年（1247 年），賈似道官拜京湖制置使後的第二年，姊姊賈貴妃拋下了年幼的皇女，就此病歿，這對於賈似道來說理應是一大打擊。不過，正如此前史岩之對其的評價那樣，賈似道之材「可大用」，尤其與當時無能的學究式地方官相比較，賈似道的事務性才能更為突出。因此，在任京湖制置使四年之後，賈似道改任兩淮制置大使，主管淮東、淮西的軍政。此時取代金國征服了中國北部的蒙古逐漸開始威脅到了南宋，為了防備蒙古，南宋政府在國境線上的要地，如寶應、東海、廣陵、渦口、荊山等處修建了防禦工事，加強守備。理宗顯然對賈似道在

任上之所為非常滿意，分別在寶祐四年（1256年）和六年（1258年）授予了賈似道參知政事和樞密使的頭銜，使其雖為外臣，實際上卻享有中央政府之宰相的待遇，威權日盛的賈似道不僅對所轄人事之進退擁有絕對的權力，就連廟堂大臣的任免也不得在未經他許可下進行[4]。而如此鎮守兩淮十年之後，面對突然入侵的蒙古大軍，必須負起防禦責任的賈似道終於等到了讓天下承認其手腕的機會。

三　戰局

南宋與蒙古的關係，開始於蒙古太宗為攻擊金國首都開封向南宋提出帶兵經過其領土之要求的紹定四年（1231年）。當時的宋雖拒絕了蒙古的要求，然而蒙古還是罔顧宋廷的拒絕，直接闖入河南南部的宋國領土，於鈞州三峰山將金軍的精銳部隊圍殲，繼而直接威脅到金都開封。此事發生在紹定五年正月至三月。此年年底，蒙古再次派出使臣前往南宋，提議宋與蒙古共同夾擊金國。而已經棄守開封將國都遷往宋國邊境附近之蔡州的金國，也同樣派出使臣至宋，訴說蒙古的不可信，並請求宋軍援助金國，一起阻止蒙古的南下，或至少為金軍提供一些軍糧。經過一番商議之後，宋廷以為，根據遠交近攻的常規想法，應當與蒙古同盟，一起擊潰瀕死的金國，於是名將孟珙立即率軍北征，幫助蒙軍大將塔察爾一起攻陷了蔡州，消滅了南宋的宿敵金國（宋端平元年，1234年）。

當蒙古與宋以陳州、蔡州為界劃定國境之後，因為當時的蒙古尚內外多事，且對中原興趣不大，故將黃河以南的新得領土全部交與金國降人管理，駐兵亦極少。而得知此事的宋廷竟然無謀地派出軍隊進入河南，妄圖恢復故都開封。北征的全子才、趙葵二將一開

始如入無人之境般佔領了開封和洛陽，然而在被蒙古塔察爾軍突擊後，全軍潰敗而逃歸南方。所幸此時的蒙古正處在對歐洲的遠征之中，不太可能急速會兵大肆報復宋軍，而只能動用華北的駐防軍小規模入侵了宋國邊境一帶。南宋也迅速任用老將孟珙以平息此事。孟珙不愧為一代名將，面對困難的時局，沒有辜負南宋朝野的期待，迅速收復了襄陽作為宋國第一線根據地，並在該地堅守了十三年之久，順利擔起前線防衛的大任。而當孟珙於淳祐六年 (1246 年) 去世之後，賈似道便如前文所述，成為了其繼任者。

此間的蒙古，經歷了太宗駕崩之後短暫的定宗貴由統治時期，大汗之位也於淳祐十一年 (1251 年) 傳到了拖雷之子、憲宗蒙哥手中，蒙古和宋的關係也就此迎來了轉折。蓋因蒙哥一系在蒙古王室中實為失意的一支，向來未曾得到過較好的封地，故蒙哥即位後，便欲與其兄弟一起合力開拓新的疆土，以傳與本系子孫。其中，憲宗的次弟忽必烈被委任來開拓中原和西藏地區，三弟旭烈兀則作為先鋒前往波斯地區。

忽必烈便是後世為人稱作世祖者，在蒙哥一系處於失意之時的成長經歷，令其自然而然地產生了對蒙古社會的蔑視和對漢族官員的親近，受到了漢文化的較強影響。以至於其在以蒙古至上主義傲視被征服地區的其他初期蒙古諸王之間享有「漢人之子」的綽號。當他被兄長蒙哥委以漠南一帶的軍事任務之時，更召集了姚樞、郝經等儒者，任用了史天澤、張柔等漢人出身的將領以為股肱。而以這位如此熟知漢文化的蒙古公子為敵的南宋，無論是戰是和，都必須保持極大的警戒。

忽必烈的幕府中多有持親宋論者。最初，忽必烈採納了這些人

的建議，避免與南宋的正面衝突，揮兵西向，從宋在四川一帶的國境線之外進入雲南並攻滅了大理國，同時招降了西藏，又派出以兀良哈台為將領的部隊征服了安南。當安南王向蒙古大軍投降時，正是憲宗即位後的第七年。翌年，憲宗便制訂了作戰計劃，親率部隊進入四川一帶，同時又令忽必烈攻擊京湖一帶，而兀良哈台則從雲南進軍廣西。按照計劃，這三股部隊最後將在鄂州（今武昌）會合，以大舉伐宋（宋寶祐六年，1258 年）。

憲宗的部隊在入侵四川之後，準備沿嘉陵江下至長江流域，然而在途中的合州一帶卻遇到了一個巨大的障礙。合州守將王堅利用地理上的險要進行了有效的防禦，蒙古大軍亦不能使之屈服，而就在攻擊合州重慶城遇阻之後不久，憲宗便罹患重病，於合州釣魚山的軍營中駕崩。時為宋開慶元年（1259 年）七月二十一日。

就此，憲宗的直屬部隊解開對合州的圍困，迅速撤退回國。然而，退兵的消息卻並未及時傳達給深入南方腹地的兀良哈台部隊。事實上，兀良哈台軍於七月渡過盤江進入邕州，八月攻破橫山寨，經由賓州、貴州，蹂躪了象州、柳州一帶，並於九月二十二日兵臨靜江府城下。

另一邊廂，遵守兄長憲宗之命進攻的忽必烈部隊，於七月經蔡州渡過淮水上游，擊破了大別山中險要之地大勝關，並在黃陂一帶的長江邊思考渡江之策。不過，在隨後的九月一日，憲宗駕崩的消息傳至忽必烈處，蒙哥所派的急使彙報完憲宗駕崩之後諸將的情況之後，馬上勸忽必烈早日班師北歸，爭奪大汗之位。大汗之位固然使忽必烈心動，然而若是置迂迴深入於南宋國境背後的兀良哈台於不顧，就此撤兵的話，兀良哈台部隊便會進退失據，極有可能全

滅。且在汗位繼承的紛爭中，比起表明自己的野心，暫時手握重兵觀望局勢無疑更為有利。於是他拒絕了親信諸王的提議，反而於陽邏堡艤舟渡江，在南岸的滸黃州登陸，進軍圍困鄂州城。其時鄂州城內守兵單弱，頗有陷落之危，然而守將張勝武勇善戰，早就對蒙古軍有所防備，四川方面的呂文德也馬上派來援兵，賈似道更是率領大軍前來支援，就此在鄂州城下，南宋、蒙古二軍展開了對峙（宋開慶元年，1259 年）。

　　然而，作戰之中，宋軍的勇猛卻令蒙古軍頗為苦惱。仔細想來，這種勇猛是出於以下幾種原因：第一，金國滅亡之後亡命至南宋的金遺民對蒙古的敵對意識；第二，宋國財政收入既有餘裕，且願不惜一切地支出用於軍事 —— 從開慶元年二月到第二年景定元年（1260 年）二月，一整年中用於犒賞軍隊的特別支出即高達銅錢一億六千八百萬緡、銀十六萬兩、帛十一萬匹之巨；第三，則是因為蒙古大軍的主要部隊實際上並未參加戰鬥，兀良哈台軍原本就只是為了擾亂後方而佈置的特別行動隊，忽必烈自己的軍隊亦同樣沒有徹底征服南宋的意志，自然也失去了作戰中的銳氣。

　　其中，兀良哈台的軍隊經由湖南全州、永州，沿湘水而下，於十一月來到潭州，並在潭州郊外的南岳市與宋軍相遇。此戰中，人稱「二哥元帥」、也許信仰基督教的色目人捏古來身中流矢而死。而當忽必烈的先頭部隊抵達岳州之後，雖馬上派出偵察兵，欲與兀良哈台軍取得聯絡，可是因為宋軍的抵抗和地形的不利，兀良哈台軍無法繼續北進，只得折回南方，翻越今湖南、江西一帶的山地，進入江西平原。

　　而對忽必烈來說，一度在岳州附近出現過的友軍迂迴部隊，此

刻再次消失；同時，身居蒙古腹地的末弟阿里不哥的即位活動越來越具體化。這兩個消息的疊加使忽必烈不可繼續猶豫下去，只得將軍中的指揮權交給大將張柔，自己率領輕騎北歸。

而兀良哈台軍大約於景定元年（1260 年）入侵江西之後，面對守備薄弱的南宋內地，遂悠然地經過並蹂躪了袁州、臨江軍、瑞州、奉新、分寧、武寧、江州、興國軍等地，順利與張柔的部隊會師。不過，在北歸的路上必須渡過長江，這對於沒有得力水軍的蒙古軍來說是一場巨大的冒險。蒙古軍的計劃，乃是在長江上修建直通江北的浮橋，而以三月三日為期，從危險的浮橋上退兵。然而，古來關於臨河沿川的作戰中，半渡而擊無疑是第一準則。因此，宋軍水軍將領夏貴等人便早早地在巨大的戰艦上等待時機，一見到蒙古軍開始撤退，就立即燒毀浮橋，殺傷蒙軍。不過由於戰術上的生疏和蒙軍的善戰，最終宋軍所獲的首級不過一百七十枚。雖説如此，這對於之前連戰連敗的宋軍來講，到底是一場巨大的成功，而朝野的一片歡喜，也委實足以同情。

在此期間，賈似道被授予了京西、湖南北、四川宣撫大使、都大提舉兩淮兵甲、湖南總領、知江陵府這樣一長串的頭銜，此外還被委任了節制江西、兩廣人馬，通融應援上游的重任，可以説除都城附近之外，整個南宋領土已經全部位於其指揮之下了。而他同時也是這場戰爭的全面責任者，以一人之力肩負了戰爭的全部功罪。一開始身居漢陽的他，在戰爭開始後立即趕赴戰爭的中心鄂州總督軍務。當戰爭即將結束之時，他又移駐長江北岸的黃州，並在該地遭遇了小股敵軍的殘餘部隊，搶回了部分為蒙軍擄掠的宋民。此事經過誇大之後通過軍功報告送達中央，為其赫赫武勳之上再添光輝

（關於這場戰爭的前後細節，可參拙著〈鄂州之役前後〉，收錄於《全集》[5]第十一卷）。

四　政局

理宗皇帝原本不過是宋皇室的疏族，當寧宗不慧且無子又需要另立皇子之時，其端莊穩重的態度為當時權臣史彌遠所看中。史彌遠遂在寧宗駕崩之後排除了其他競爭者，將之扶上天子之位。而這個在不遇之時尚能好學恭儉的少年，一經榮登天子之位便身處富貴之中，得以為所欲為，說到底並非聖人的他，失去了外力的束縛，一夜之間成為一個享樂者，其實也並不令人意外。而史彌遠死後，理宗所銳意進行的政治改革，即所謂「端平更化」亦最終宣告失敗，自此之後，朝廷政治開始變得馬馬虎虎起來[6]。首先是興建宮中土木，為此特地設立了修內司這一機構，企圖將宮中的營造成本轉嫁給外廷[7]。最初只是通過此機構接受外廷的進貢作為建設費用，可是隨後，這個機構開始一味地派出外戚宦官到地方上，以宮廷費用的名義進行榨取。而對朝中大臣來說，若是容忍這種要求便會受到清議的排斥，若是強硬地反對則會官位不保，其立場實不可謂不苦。因此，優柔寡斷的謝方叔很快為朝廷外放，董槐、程元鳳所建立的內閣亦未能持續多長時間。結果，代表了宦官勢力的丁大全成為了右丞相，令強硬派們大為失望[8]。而此時南宋所要面對的，便是上述的蒙古入侵了。

說到底，幾乎沒有配備水軍的忽必烈部隊之所以能夠多次順利渡過長江，實可歸咎為丁大全的失政。他所任用的地方官員剝削江邊漁戶過甚，使得當地土豪士紳甘心充當了蒙古軍嚮導。而丁大全

為了隱瞞自己的過錯，更一度敷衍事態，將蒙古軍入侵的消息藏匿不發，陷國於累卵之危。此舉被曝光後，非議之聲再次甚囂塵上，即使厚顏如丁大全，亦不得不掛冠並待罪闕下。而取代丁大全負起戰時內閣之任的，便是強硬派的領袖吳潛。

吳潛，嘉定十年（1217 年）狀元，此後漸漸在政界樹立了蔽衣破帽的道學先生的錚錚形象。此前曾遭人彈劾「違道干譽」的他，如今雖已年近七旬，卻老而彌堅，下定決心要將附和宦官的政治家從朝中一人不剩地徹底肅清。不過，對他這一悲壯的決意產生共鳴的，僅僅是若干青年官吏罷了。對一般朝臣而言，他所謂的肅清不過是一種過猶不及之舉，會威脅到自己的仕途，是以多對之採取冷淡的圍觀態度。另一方面，當吳潛尚未對朝廷人事規劃完畢之時，血氣方剛的少壯派官吏 —— 國子監博士以下五人[9] 便在吳潛不知情的情況下，上書痛陳禍亂之根本在於宦官董宋臣，並言及部分宮中秘聞。此時的吳潛開始漸漸察覺，自己在野時代的抱負，怕是很難在今日之廟堂上實現了，而此事也成為了吳潛戰時內閣之上的一抹暗雲[10]。更令人困擾的，則是自古以來天子對道學家抱有的不滿，理宗對吳潛亦同樣產生這種怨艾。當蒙古軍入侵江西之時，吳潛曾勸諫天子遷幸海上以避難。天子自然非常不贊成此議，並問吳潛：「朕去海上，則卿如何？」吳潛答道：「臣當死守於此。」聽聞回答的天子哭泣着說道：「卿欲為張邦昌乎？」這句話說得非常之重，和理宗在事後的感歎「吳潛幾誤朕」可以對讀[11]。而下一次君臣之間發生的如此「歇斯底里」的對話，則是關於立太子的問題。理宗未生有皇子，就是否將皇弟榮王與芮之子忠王過繼為養子詢問吳潛之時，卻遭到了這位道學的激烈反對：「臣無彌遠之材，忠王無陛下之

福。」[12] 也正是此事最終惹怒了理宗。就在蒙古軍隊全部撤退，局勢恢復和平之後不久，台諫便馬上彈劾吳潛，而宮中立即在夜半下達指令，免去了吳潛的丞相之職 [13]。

　　那麼，誰能成為吳潛的繼任者呢？此時的天子在好幾位朝臣之間為後繼的內閣首席之位着實思索了一番。不用多說，最終的人選肯定會落在剛剛結束的這場戰爭中的頭號功臣賈似道的身上。此時的賈似道雖享有參知政事、樞密使、右丞相等頭銜，而其實際職位仍然是制置使和宣撫使，擔任着國境線上的指揮官。不過，他作為叱咤三軍前後十五年，成功抵禦蒙古侵略，將天下兵馬握於己手之人，進入中央繼承相位，恐怕是沒有甚麼人會有異議的。只是作為宰相的他表現究竟如何，殊未可知，而此刻的朝野上下似乎也正等待着見證這一點。

五　手段

　　開慶元年十月，賈似道於軍中就任右丞相兼樞密使。翌年景定元年四月，當左丞相吳潛被罷免之後，賈似道隨即作為凱旋的將軍進京，坐上了朝廷首席之位。這一系列的升遷，說到底還是因為賈似道和天子理宗的關係。天子本人熟知賈似道已久，即便是賈貴妃的去世也不能改變這種信賴。而賈似道成為新一任宰相本身，對理宗而言，就如同往日一直靠走後門升遷的小兒輩，有朝一日終於堂堂正正地從大門登堂入座一般，恐怕這對君臣初次在朝堂上相遇之時，彼此都會有些不好意思吧。另一方面，這對君臣之間的交流，大抵也會如電流一般暢通無阻，而這也正是這位新任宰相的一大利好消息。

賈似道首先進行的，便是對剛剛過去的那場戰爭的論功行賞和對干犯軍紀者之處罰。其中論功行賞的對象主要是軍中武官，包括將呂文德任命為自己的繼任者 —— 京西湖北安撫使，以夏貴為淮東安撫副使輔佐之。然而處罰之事，在此前宋廷的慣例中，若非打了敗仗，本是絕不施行的，不過長期身在軍營的賈似道卻一反常態，以圖整肅軍規。故他褫奪了李曾伯、史岩之等文臣帶兵而退嬰瀆職者之官職，又黜退了部分貪得無厭、放任部下掠奪平民的武將。其中作為掠奪平民之代表的李虎固然免於一死被流往鬱林州，而頗有戰功的向士璧、曹世雄等人也在免職之列，因償還不出濫用的軍費而被貶竄遠州。如此一來，幾乎每個人都在懷疑賈似道之偏袒，並對其苛酷表示不滿[14]。然而在賈似道看來，的確是有必須這樣做的理由。

與針對武官的全面肅清不同，賈似道對於中央政府的文官官僚所採取的，是一種較為溫和的人事行政調動。有鑒於此前吳潛欲將反對派一掃而空並最終遭致的失敗，賈似道實行了一種清濁併吞的手段，在儘量使用「舊材料」的條件下，樹立一種具有賈似道之特色的新體制。他的這一計劃，也因為他那強大的政治手腕而幾乎得以實現。

當時的官吏數量頗多，而職位上的缺額卻甚少，這也導致了一系列買官行為的產生。其中自然包括了那些不知羞恥利用宦官的機會主義者，而其他那些欲將其剷除的強硬派與之的對立也非常激烈。若是賈似道支援其中一方以排擠另一方，那麼宋代的特產 —— 黨爭便有復燃之虞。而賈似道的想法卻是徹底消弭黨派。他既往不咎的態度也漸漸使得官僚羣體放下心來，也讓他贏得了他們的援

助。賈似道對買官者的請託一概不受，而另一方面卻不惜送上厚禮，懇請隱逸草間的學者出山。這種做法是如此徹底，以至於在當時的世人眼中，前往山中坐禪竟然成了獵取官職的必需途徑。而因賈似道的禮遇而前往廟堂之上的則包括馬廷鸞、葉夢鼎、江萬里等當時著名學者和文人。這些人雖並無宰相之器，亦乏經世之能，本來只不過是壁龕上的「裝飾品」，然而賈似道卻正是看中了他們的無能才將之選為同僚的 [15]。正是因為如此，當賈似道以恬退示人，以身體狀況不佳為由辭讓相位之時，他的同僚們更是如畏懼夜晚的燈火恐將失去般的態度爭相上書，表示朝廷此刻不能沒有「周公」，故必須慰留賈相 [16]。而這種挽留之舉卻令賈似道更為「驚恐」，再次上表乞骸骨，以博得天子和同僚們愈加白熱化的挽留。文書往來了七八次之後，賈似道方才許諾留任，使天子和同僚們放下心來，而如此一來，他的威望也自然更甚。

賈似道固然抑制了軍閥和文官的權力，享有天子的無限信任。此外，即便是作為宮中蛀蟲的宦官和炫耀自身閥閱的外戚宗室，在賈似道面前同樣也抬不起頭來。而最不可思議的便是，一直以來如猛虎一般不可馴服的臨安府太學生們，也變得好似貓咪一般溫順 [17]。此前都城的這些學生頗為趾高氣揚，以誦讀聖賢之書的身份甚為矜持，根本不將被他們看成俗物的政治家放在眼中。一旦稍不如意，便集體彈劾宰相，而旨在消弭這種抵抗運動的臨安府尹，卻又往往並非學生們的對手，不敢輕舉妄為。被夾在政府和學生之間進退維谷並最終去職，大抵便是歷代臨安府尹的固定命運了。而在賈似道的政策下，這些兇暴至極的學生羣體就好像中了某種魔法一般老實了起來。事實上，他對此並無甚麼秘訣，只是儘可能地向學校支出

各種經費，將各種考試變得容易，並經常對這些年輕人予以一定程度上的籠絡而已。

六　財計

在此還須提及的，便是賈似道的財政政策。江南一帶一向盛產大米，特別是都城臨安附近的浙東和浙西，自古以來便以米穀豐熟著稱，絕無糧食不足的問題。不過，為了供給龐大的軍費開支，當地的租稅卻一直相當之高。其中，政府每年會以「和糴」的名義強制性購入約六百萬石的大米，並用所謂「會子」的不兌換紙幣支付。而年年發行這種不兌換紙幣，又使得這種紙幣的價值年年走低。即便會子不過是紙墨大量印刷而成的，可最終，印出的會子甚至不能支付印刷成本 [18]。賈似道暫緩了新印會子的數量，而為了抑制通貨膨脹，他採取的一勞永逸之策便是公田法。此法根據劉良貴等人的建議而立，規定國家可以強制買入擁有二百畝以上土地的大地主的三分之一土地，並將之租與佃戶收取年貢，而這些年貢則取代了以往的和糴，用來供應軍糧支出。賈似道對這一新法非常熱心，率先將自己所有的一萬畝土地售出，並成功地使以吝嗇聞名的理宗之弟榮王與芮交出土地，堵了反對者的嘴巴。賈似道首先選擇在浙江的平江、嘉興、安吉，以及鎮江、常州、江陰一共六郡設立官田所分司，在其下各鄉設立官莊，由當地土豪出任莊官，負責租米的徵收，而之後又廢除莊官，直接由政府官吏對佃戶進行監督。而據公田法，雖說是政府買入了大地主的土地，可是政府所支付的，其實僅僅是會子和作為一紙空文的官員告身罷了，其實質與徵收無異。此外，即使專門設置了催繳租米的官吏和莊官，但最後收繳到的租米卻意

外的少。當然，這並不能責怪業已十分貧窮的佃戶，而只能讓土地原來的所有者——大地主們將不足的份額補足。因此公田法很快引起了浙西大地主們的恐慌。不過，說到底那些大地主均非無辜之人，其中多有憑藉雄厚的經濟背景獲取不當收入者，而在此前的和糴政策下，他們可以將和糴的負擔完全轉嫁到小地主們的頭上。隨着和糴政策到此為止，公田法開始施行，他們或是存心將荒地出賣給政府，或是在出讓的土地面積上巧做文章，而這些骯髒的手段，最終都會在租米上繳之時暴露。雖說不過是咎由自取，然而當時亦有大地主受困於補繳租米而最終自殺這樣的流言四起。由此可見地主階級對賈似道公田法不接受的態度，不過地主階級的不平也最終在朝野輿論上得以反映。按賈似道等人的計劃，本該在全國範圍內收繳一千萬畝的公田，並據此徵收六七百萬石的租米，然而在徵收了浙西三百五十萬畝土地之後便不得不中止。而這些公田所產生的租米約為二百五十萬石，相當於此前兩浙轉運使的和糴額——也就是說，浙西公田的存在，完全可以取代兩浙的和糴總額。而此後，公田所產生的租米便一直貯藏在咸淳倉之內，使之保持六百萬石的倉儲量。

賈似道的第二項財政政策便是所謂的「經界推排法」。出於偷漏田稅的原因，當時的富豪們有意讓田籍邊界變得紊亂不清，而執行檢地，對田籍正本清源的工作，也必會招致官僚地主們的惡評[19]。儘管在地主們看來，施行經界推排法無異於使「江南之地，尺寸皆有稅」。不過在今天看來，實有如此為之的必要性。自古以來，難以博得地主階級好感的新政大多以失敗告終，然而賈似道所斷然推行的政策最終卻不可思議地迎來了成功，由此可見其強大的政務處

理能力。

　　第三項政策則是「金銀見錢關子」的發行。南宋時代的通貨原則上是以銅錢為本位的，而實際上又有會子這種不兌換紙幣與之共同發行，逐漸地壓迫了銅錢的流通，將之驅逐出貨幣流通界。政府也因此發佈了銅錢和會子同時流通的命令，且使用各種手段維持會子的價值，保證二者能夠在某種程度上等價交換。不過當朝廷財政困難之際，又往往過量發行會子，使其價值大大小於銅錢。南宋後期，如何維持會子的價值，也成了困擾政治家的一大難題。而賈似道通過買入公田以部分罷免和糴，也有為了阻止會子濫發的企圖。當時正逢第十七、十八界會子流通於世，賈似道隨即下令停用第十七界會子，並發行新的「見錢關子」，亦即所謂的「銅錢兌換券」。總的來說，所謂交子、會子和關子並無本質上的區別，最初都只是各種兌換券，而經過一定的時間之後則變成了不兌換紙幣，最終又迫使政府發行能夠兌換銅錢的新券並加以新的名字。而賈似道所發行的見錢關子，其一貫可兌換銅錢七百七十文，又可交換第十八界會子三貫。是第十八界會子的一貫應該可以兌換銅錢二百五十七文左右。而第十七界會子則因為已被回收，替換為第十八界，故不清楚其具體兌換比率。

　　除了銅錢和與之兌換的會子之外，當時白銀亦漸漸開始大量流通，有了取代銅錢成為新的本位貨幣之勢。對此，賈似道則發行了可兌換金銀的關子，與之前的見錢關子一道流通。然而遺憾的是，金銀之間、銀銅之間的具體交換比率今日已不能詳知了。至於各種關子發行之後通貨市場究竟穩定與否，就今日所見的史料來看，其結果自然是造成了物價沸騰、民不聊生，然而這樣的記載到底是

難以全信的。因為在賈似道的一系列改革之後十年，南宋即宣告滅亡，而忠實記載了這十年各種情勢的史料，現今恐怕早就不存在了。

七　半閑

景定五年（1264 年），理宗於寶壽六十歲、在位長達四十一年之際駕崩，其弟榮王與芮之子忠王即位。這位忠王，即後世所稱的度宗，在先朝賈似道身居宰輔之時被立為太子，毫無疑問後者的大力襄助也是原因之一。皇帝即位時年方二十五，已非幼沖登極，亦不是生來不慧，只不過是一個比起學問和政治來更注重享樂的近代式青年。而對賈似道來說，這樣的天子無疑是最易相與的，他的即位也是一個使自己地位更加牢固的好機會（1264 年）。

咸淳元年（1265 年），度宗即位翌年，賈似道被封為太師和魏國公。咸淳三年（1267 年），賈似道又被任以平章軍國重事，賜予西湖葛嶺處的私第，享有五日一朝的待遇。南宋政府的二重體系也就此確立 —— 賈似道在葛嶺的私第中與館客廖瑩中等人得以從容商議國事，臨安朝廷的百僚則完全盲從於賈似道的意見，而奔走兩地之間進行溝通的則是賈似道的堂吏翁應龍[20]。

位於葛嶺的賈宅佔據了俯瞰整個西湖的形勝之地，園林多名以羣芳，而其中設立的半閑堂，則是賈似道自號半閑老人和秋壑的由來。賈似道並非疏於文藝之人，相反還特別喜好美術，召集良工特為復刻了《定武蘭亭》。他所作的隨筆《悦生隨抄》也緊隨當時的隨筆文學，以搜錄閒話為主，不過此書如今僅存《説郛》所錄的一部分。而賈似道受當日「古董癖」風潮的傳染，相當熱衷此道[21]。其園中多寶閣既富有收藏，對於世人深惡的盜墓也樂於為之。他對賈

官運動的態度雖如前文所述般嚴峻，可人終究也是有弱點的吧。如果持有古董前往拜會賈相，恐怕在人事上也能得到一定的便利。此外，據傳他還非常喜歡鬥蟋蟀，這種遊戲在今日的中國仍然十分流行。宰相和蟋蟀的某種不匹配性，使我們得以窺見南宋末年的世風。

在咸淳六年（1270 年）被允許十日一朝之後，賈似道與朝廷的關係日益疏遠，隨之而來的卻是他手中權力的日益強化。咸淳十年（1274 年），當賈似道之母胡氏以八十三歲之高齡病死之時，就連天子也特為下詔，輟朝五日，派出內侍主管敕葬。當日正逢大雨，百官坐於泥濘之中，任憑膝蓋沒入水中，亦不敢易位。此刻的賈似道，無疑處於位極人臣的地位，然而亢龍有悔、月滿則虧，跨過榮耀的頂峰恐怕便會迎來急轉直下的墮落和失意之日吧。

而最終使賈似道命運急轉直下的，便是其對蒙古策略上的破綻。

八　潰敗

此前的史家大多以為，早先蒙古入侵之際，賈似道曾以割地和歲幣的方式向之求和，在誆騙忽必烈並使之撤軍之後，又並未踐行和約。而這種看法殊非事實。實際上，在鄂州戰場之外的確存在雙方互相交涉的行為，不過這種交涉只可視作賈似道對忽必烈的一種試探罷了，通曉人事的忽必烈也並未將賈似道的提議當真，和議也旋即流產。而等到忽必烈回到開平自立為大元皇帝之後，便開始了東方蒙古帝國的建設，使得當日之形勢重現了往日宋金對峙的格局。此時的忽必烈派出其幕下親宋派的郝經前往宋廷，以向南宋提出各種新的要求為名，觀察宋廷的反應。而賈似道考慮到忽必烈此舉必會動搖南宋之人心，且非常害怕國情之虛實被敵方探知，故而

在真州便將郝經拘留，阻止其入都。

　　另一方面，忽必烈挫敗其弟阿里不哥之後，本已漸漸鎮壓了蒙古西北部的騷亂，然而此時，山東的漢人軍閥李璮又發動了叛亂。同時，南宋政府也在未知勝算幾何的情況下盲目對其進行支援，觸犯了蒙古的虎威。這個李璮，本是金末興起於宋和蒙古邊境成為一股獨立勢力的流賊李全之子。李全為宋軍所殺之後，李璮在蒙古的保護下重新糾合其父舊部，在山東站穩了腳跟，成為了蒙古帝國內的漢人軍閥。不過，在策士王文統的鼓動下，李璮竟向帝國舉起了叛旗。雖說這場叛亂很快就被討平，然而此事也令忽必烈對漢人的心態發生了改變。在對手下的漢人諸侯產生出強烈的警戒心的同時，他認識到，若是放任南方的宋國苟延殘喘，帝國的那些漢人便絕不會對蒙古的統治歌功頌德。

　　而李璮的叛亂，對蒙軍的戰術來說亦是一種寶貴的教訓。此前的蒙古人固然可以在野戰中展現其天下無敵的勇猛氣概，而攻城則非其所長。之前忽必烈在入侵宋國之際，便對鄂州城無可奈何。然而，當圍攻李璮所在的濟南之時，元將史天澤使用了宋子貞的獻策，在圍城城牆四周更築以環城，用以壓縮包圍圈，置敵以死命。從此，善於閃電戰的蒙古軍也掌握了持久戰的要領。而忽必烈更是隨即將這種新戰術運用到了對宋戰爭上。

　　宋軍的前線是兩淮、京湖和四川三處，其中以京湖最當要衝。兩淮地勢低窪，不利於馬戰，四川則遠離政治中心，不能起到直接打擊的作用。而若是攻破京湖一地，便可直接切斷宋國領土，使之陷入半身不遂的狀態。不過反過來說，宋國的大部分精兵也都集中在這一帶，位於其地前線的襄陽更是防備牢固。對南宋而言，只要

確保此地的安全，那麼就算蒙軍從他處發動奇襲入侵內地，也會被此地的防線牽制，無法起到長驅直入的效果。

因此，襄陽可謂當日的兵家必爭之地。而襄陽守將呂文煥則是賈似道心腹呂文德之弟，文德此時亦坐鎮鄂州，控制着長江中游，總督京湖軍事。不過，當時有驍將之稱的劉整因與賈似道不和而投降了蒙古，並獻上攻取襄陽之策。首先，蒙軍對呂文德誘之以利，使之同意在與襄陽並立的要地樊城之外設立互市，隨後又以保護互市的名義營造了一些簡單的防禦工事。南北互市自然會繁榮當地經濟，同時也給守將創造了一筆額外收入。就這樣，在呂文德的許諾之下，樊城外的所謂「防禦工事」漸漸越來越周密，當呂文德意識到事情不對之時為時已晚，蒙軍的這些防禦工事早已堅不可摧。通過這種以榷場為名建立的根據地，蒙軍的要塞包圍了襄陽和樊城，完全阻斷了南宋援兵往來的必經之路。就此於咸淳四年展開了長達五年之久的襄陽攻防戰，並在呂文德病歿之後，通過使用新式武器「回回炮」成功擊潰了曾經難以攻陷的襄陽守備。最終，咸淳九年（1273 年）二月，守將呂文煥以下開城投降。而沒有了襄陽的南宋防禦，也變得如同色當被突破之後的馬奇諾防線一般。

宋咸淳十年、元至元十一年（1274 年）七月，忽必烈將十萬大軍交給名將伯顏，並授予其討伐南宋總指揮一職。伯顏在命南宋降將劉整進軍兩淮牽制東部宋軍的同時，又以猛將阿朮為先鋒入侵京湖一帶並沿漢水南下。這個阿朮便是兀良哈台之子，此前亦曾擔任過襄陽攻防戰的指揮。冬十二月十四日，阿朮軍到達長江江畔，在宋軍水兵的眼皮底下偷偷登陸南岸並迅速佔領了鄂州城。此時的蒙軍早已擁有了預先在漢水流域進行訓練的水軍，加上所俘虜的南宋

艦船，組織起了一支強大的水軍，並為了進一步進軍臨安而在當地進行短暫休整。需注意的是，宋元史料中對這一系列事件的記載日期各自相差了一天 [22]。

而等到元至元十二年，即宋度宗崩後繼承皇位的其子少帝德祐元年（1275 年），蒙軍在自身水軍的保護下，沿長江兩岸以破竹之勢東下。那麼，直面如此危機的宋廷的對策究竟如何呢 —— 不，整個宋廷中有能力看破時局的，除了身處前線能夠接觸到種種情報的賈似道以外別無他人 —— 那麼，賈似道的對策又究竟如何呢？

只要想像一下蹂躪過整個歐亞大陸百戰百勝的蒙古軍隊，就會知道在他們身前的國家絕無機會來確保自己的生存權利。因此，襄陽陷落之後的賈似道早已驚恐萬分，並清楚地知道，國家的前途除了奇跡以外別無其他依靠。然而賈似道還是維持着表面上的平靜，使信賴他的世人以為他能退敵於方寸之間。

總而言之，賈似道暫且針對蒙古大軍，將臨時召集而來的零散海船佈置到安慶附近，逆流而上以迎擊蒙軍。然而，安慶的守將范文虎身為呂文煥的女婿，早已奉岳父之檄文歸降元軍，使得賈似道只得親率艦隊留守蕪湖。雖說淮西老將夏貴、江淮將領汪立信等紛紛前來支援，然而因為長江中的艦船大多已為蒙軍所虜獲，賈似道艦隊以海船為主，在江中甚為不便。在蕪湖，賈似道抱着最後的希望，向伯顏提出和議的提議。而伯顏的要求是宋軍無條件投降，因此和議並未達成。最終，在蕪湖附近的丁家洲遭遇蒙古水軍的賈似道軍徹底潰敗。倉皇鼠竄的賈似道已無顏面回到朝廷面見百官，只得逃往淮東李庭芝處依附之，其間還不忘上表朝廷，在謝罪的同時勸諫天子乘船前往海上避難。

而在臨安，賈似道此前出征之時，曾命身為殿帥的武將韓震和其心腹文臣陳宜中留守。陳宜中唯恐被歸為賈似道一黨，故存心逆賈似道之上表而行，反對巡行海上的建議，並在宮中刺殺了固執地支持賈似道的韓震。在此存亡危急之際發動如此的陰謀內訌，使百僚將士之間的信任土崩瓦解，臨安政府也陷入了混亂之中。

　　此時，狀元出身的少壯派官吏文天祥又帶着在故鄉江西山間招募的兩萬峒丁與張世傑等武將會和，企圖收拾殘兵，與蒙古軍背城一戰。然而這支軍隊的大部分士兵在開戰前便棄甲逃亡，文天祥等人不得不在大街上強制徵兵。另一邊，之前逃散的敗兵開始四處劫掠，就連上述那支正規軍也幹着同樣的事情，其中張世傑所帶領的部隊即以凶暴著稱。

　　而在朝廷台閣之上，意識到時勢已無可為的宰執以下高官們，開始乘夜逃遁，其中自然包括了那位陳宜中[23]。而六歲的少帝和擁立少帝的太皇太后謝氏，眼見無用的抵抗已無法挽回局勢，便決定無條件地投降元兵。於是在德祐二年正月，宋帝對元稱臣，將傳國璽送至伯顏之軍門，表示投降（1276 年）。[24]

九　身後

　　且讓我們將目光再次投向丁家洲戰敗後被褫奪宰相之位成為一介平民的賈似道之命運吧。當戰敗的消息傳到臨安之後，賈似道此前的肱骨腹心之臣，在一夜之間紛紛變成了他的敵人，或囂然問責，或彈劾往事，或上書言賈似道不臣之狀，或論當對他處以極刑。這樣做的原因自然是為了撇清自己過去與賈似道的關係。不過，太皇太后謝氏對三朝舊臣賈似道卻頗有同情之心，只是下詔將

之免官，流往漳州。而負責監押的武臣鄭虎臣對賈似道懷恨已久，當賈似道抵達漳州之後，便在當地的木棉庵中將這位可憐的六十三歲老翁拉殺。其事很可能出自最為忌憚賈似道東山再起的陳宜中之指使[25]。而此後，陳宜中更是為了消除自己的罪證而捕殺了鄭虎臣。

　　那些曾為賈似道所籠絡、重用，而最終拋棄了他的南宋大官，大多在仕元之後埋首著述，此輩往往對賈似道進行肆意謾罵，並將南宋滅亡的責任歸結於其一人身上。而最終的官修《宋史》，亦成於這些人之手。隨後更進一步貶斥賈似道的則是明朝學者。明人所編《宋史紀事本末》卷一〇二所謂「似道既相，引外戚子弟為監司郡守」一句，更是直接錯抄了《宋史·賈似道傳》中用來描述賈似道入相之前關於理宗朝廷的話，罔顧賈似道入朝後的種種改革，令吾人對此不勝啞然，相信公正的讀者，對於這樣拙劣的栽贓手段，應該也會義憤填膺吧。

　　事實上，在明君忽必烈的心中，亦存有對敵手的公平態度和一定的正義感。他曾在宴會上乘醉詢問宋廷投降而來的武將：「爾等何降之易耶？」其中一位武將回道：「宋有強臣賈似道，每優禮文士，而獨輕武官。」忽必烈隨即變色說道：「借使似道實輕汝曹，特似道一人之過耳。且汝主何負焉？正如所言，則似道之輕汝也固宜。」[26] 對這些降臣來說，即便此刻責難他們的並非萬乘天子，也是無法繼續為自己開脫的吧。

註釋

1 譯者按：本書作者於註釋中引用古籍原文，多僅作句讀，今一律加以新式標點，作者原來句讀有失斷破句之處，亦逕加改正，不另說明。又原書引文中括弧內的內容，均為作者為方便理解所加按語，今全部予以保留。

　關於度宗之母與賈似道之母，宋周密《齊東野語》卷十五「龜溪二女貴」條曰：「隆國黃夫人，湖州德清縣人……復歸李仁本，媵其女以入榮邸。時嗣王與芮苦無子，一幸而得男，是為度宗。然自處極謙抑……秦齊國夫人胡氏，亦同邑人，相去才數里……既而生似道，未幾去，嫁為民妻，似道少長，始奉以歸。性極嚴毅，似道畏之。當景定、咸淳間，屢入禁中，隆國至同寢處，恩寵甚渥，年至八十有三。」而關於賈似道之母胡氏，元李有（一說李東有）《古杭雜記》曰：「賈似道母兩國夫人，本賈涉之賤妾。嘉定癸酉，涉為萬安丞，似道在孕，不容於嫡。縣宰陳履常，新淦人也。涉與之通家往來，以情告之，遂相與謀。陳宰令其妻過丞廳之次，諸妾環侍，談話間，因語丞妻：『以乏使令，欲借知事一妾。』丞妻云：『惟所擇用。』陳妻遂指似道母。丞妻幸其去，欣然許之。即隨軒以歸縣衙。及八月八日，似道生於縣治。賈承檄往他郡，歸謁於宰，始知之，終不復入丞廳。後改任，雖攜似道歸鄉，而其母竟流落。及似道鎮維揚，子母方得聚會，享富貴數十年。咸淳甲戌，以壽終。似道越治喪，朝士爭戚設祭饌，以相高為競，有累至數丈者。裝祭之日，以至顛死數人。送葬者值水潦，不問貴官，沒及腰膝，不得自便。雖理宗、度宗山陵，無以過之。」

2 關於賈貴妃和周漢國公主，《宋史》卷二四三《謝皇后傳》曰：「時賈涉女有殊色，同在選中。及入宮，理宗欲立賈……（謝皇后）即立，賈妃專寵。」《宋史》卷二四八《公主傳》曰：「周漢國公主，理宗女也。母賈貴妃早薨。帝無子，公主生而甚鍾愛……乃選（楊）太后姪孫鎮尚主……帝欲時時見之，乃為主起第嘉會門，飛樓閣道，密邇宮苑。帝常御小輦，從宮人過公主第……（景定三年）薨，年二十二，無子。帝哭之甚哀。」

3 關於似道廷對一事，元劉一清《錢塘遺事》卷四「嚴覆試」條曰：「賈似道，嘉熙戊戌以其姊貴妃之故，得赴廷對。時貴妃在大內。廷對之日，節次當事人，供奉湯藥飲食。」

4 關於賈似道與理宗，《宋史》卷四七四《賈似道傳》於其任兩淮制置使、身在揚州的寶祐二年下曰：「威權日盛。台諫嘗論其二部將，即毅然求去。孫子秀新除淮東總領，外人忽傳似道已密奏不可矣。丞相董槐懼，留身請之。帝以為無有。槐終不敢遣子秀，以似道所善陸壑代之。其見憚已如此。」

5 譯者按：指岩波書店出版的《宮崎市定全集》。

6 關於端平更化的失敗，《錢塘遺事》卷五「理宗升遐」條曰：「上自臨御以來，始終崇獎周、程、張、朱諸儒義理之學，故得廟號曰『理宗』……理宗龍顏隆准，臨朝坐輦，端嚴若神。端平初，勵精為治，信向真（德秀）、魏（了翁）諸賢。廷紳奏疏，三學叩閽，悉經御覽。所言訐直，無不容受，間以罪斥，旋復收用，此其盛德也。」而所謂「端平更化」，便是以權臣史彌遠之死為契機，順從當時輿論，將真、魏諸儒迎入朝中的一種賢人政治。而作為其結果，《癸辛雜識》前集「真西山入朝詩條」曰：「真文忠負一時重望，端平更化，人傒其來，若元祐之凍水翁也。是時，楮輕物貴，民生頗艱，意謂真儒一用，必有建明，轉移之間，立可致治。於是民間為之語曰：『若欲百物賤，直待真

直院。』及童馬入朝，敷陳之際，首以尊崇道學、正心誠意為一義，繼而復以《大學衍義》進。愚民無知，乃以其所言為不切於時務，復以俚語足前句云：『吃了西湖水，打作一鍋麵。』市井小兒，囂然誦之。」又，宋羅大經《鶴林玉露》卷三曰：「端平間，真西山參大政，未及有所建置而薨。魏鶴山督師，亦未及有設施而罷。臨安優人，裝一儒生，手持一鶴，別一儒生與之邂逅。問其姓名，曰：『姓鐘名庸。』問所持何物，曰：『大鶴也。』因傾蓋歡然，呼酒對飲。其人大嚼洪吸，酒肉靡有孑遺，忽顛僕於地，羣數人曳之不動。一人乃批其頰大罵曰：『說甚《中庸》、《大學》，吃了許多酒食，一動也動不得！』遂一笑而罷。」可知這種改革，徒然不過是一種笑柄罷了。

7　關於理宗內廷的修內司，《錢塘遺事》卷五〈理宗升遐〉條曰：「在位既久……信方士，妄稱五福太乙。自嘉定己巳，南內巽宮，臨吳越之分，作太乙宮。又作龍翔宮、集慶寺以祈福。作湖上西宮，造御舟以備遊幸。作禁苑芙蓉閣、香蘭亭以供遊覽。又作閻、賈二妃奉先功德寺，極土木之功。專置修內一司，以內侍管領，望青伐木，自德壽故宮王邸、戚里民家，墳塋皆不免。又置修內司莊、御前莊，開獻納之門，沒入兩爭田土，名曰『獻助』，實則白取。禁中排當頻數，娼妓傀儡，得入供應。宮嬪廩給，泛賜無節……其先朝者艾六字型大小夫人者，嘉定六百員，淳祐增至一千員。內藏告乏，則移之封椿左藏庫。」又，關於修內司，宋俞文豹《吹劍錄外集》二曰：「中興初，凡宮禁營繕皆浙漕與天府共為之。紹興末，漕臣趙子奏，以其事歸修內司。本司歲輸二十萬。其後節次增至六十萬。及嘉熙、淳祐間，曾穎秀、趙崇賀、魏峻相繼領漕事，前後效尤，倍獻其數，遂至一百六十萬。而修內司又逐時，於左帑關撥，數尤不少。又不時行下天府，以某殿當修、某柱當換，京尹則照例進奉三十萬或四十萬。」如此，在財源乾涸時又將外戚子弟派往地方，收斂財物之後一起獻上。而這些行為，必然會擴大以修內司為中心的宦官勢力，使之得以置喙外事。對此，《齊東野語》卷七〈洪君疇（天錫）〉條曰：「方寶祐間，宦寺肆橫，簸弄天綱。外闇朝紳，多出門下。廟堂不敢言，台諫長其惡。或餌其利，或畏其威，一時聲焰，真足動搖山岳，回天而駐日也。乙卯（寶祐三年）元真（謝方叔）以公為御史。」其後文則記錄了洪天錫上疏論當去天下三患（宦官、外戚、小人），而後又遭到政敵的反擊，不得不去職之事。而當時宦官勢力的代表則是董宋臣。《宋季三朝政要》寶祐四年條曰：「上以御寶黃冊催內藏坊場錢。知嚴州吳盤奏言：『內庫理財甚急，督促大峻。龍章鳳篆，施於帑藏之催科：寶冊泥封，下同官吏之文檄。居萬乘之崇高，而商財賄之有無。事雖至微，關係甚大。它時青史書之曰：『以御寶督坊場錢自今日始。何以為萬世法？』董宋臣諷台諫邵澤劾之。」譯者按：作者引《錢塘遺事》卷五「理宗升遐」條一段實為原書「理宗升遐」條的下一條「理宗政跡」之內容。

8　關於丁大全通過宦官董宋臣的關係受知於理宗，《宋史》卷四一八《陳宜中傳》曰：「寶祐中，丁大全以戚里婢塈，事權倖盧允生、董宋臣，因得寵於理宗。」此人繼而與陳大方、胡大昌共任台諫，當時並稱「三不吠犬」。《宋史》卷四七四《丁大全傳》稱其任御史時：「劾奏丞相董槐。章未下，大全夜半調隅兵百餘人露刃圍槐第，以台牒驅迫之出，給令輿槐至大理寺，欲以此恐之。須臾出北闕，棄槐囂呼而散。槐徐步入接待寺，罷相之命下矣。」而到了他自己身居相位時，據當時《西湖遊覽志餘》卷二：「丁大全作相，與董宋臣表裏……一日內宴雜劇，一人專打籮，一人撲之曰：『今日排當，不奏他樂。丁丁董董不已，何也？』曰：『方今事皆丁董，吾安得不丁董。』」（所謂「隅兵」，即廂兵之意。而「隅」與「廂」之意義，參《光緒鄞縣誌》卷八、明王應山《閩都記》

卷三二「羅源縣」條「國朝分城內為二隅」云云。)

9　譯者按：據下文作者原註引姚勉《雪坡舍人集》卷廿九〈上丞相吳履齋書〉中「諸學官之所指者五人，其甚乃董宋臣也」之語，可知作者所謂「五人」，實非上書彈劾的國子博士，而是國子博士所彈劾的董宋臣以下的五人。作者此處理解有誤。

10　關於吳潛，《宋史》卷四一八〈吳潛傳〉略云其為嘉定十年狀元，淳祐七年司貢舉，端平元年四月與其兄淵一起被彈劾「違道干譽，任用非類」而被免官。又曾與謝方叔共同入相但不久即被罷免。而當開慶元年，據《宋季三朝政要》，韃兵三道入寇：「時相（丁大全）匿報若罔知。吳潛涕泣入奏。」遂取代了丁大全成為了宰相，此後欲將丁大全殘黨全部趕出朝廷，惟終告失敗。在另一方面，他卻也受到了其他強硬派的責難，陷入窮途。如強硬派中姚勉的《雪坡舍人集》卷二九〈上丞相吳履齋書〉曰：「昨者，伏見國子博士而下數人，以上書言事不遂，相率去國，此恐非明時所宜有。大宰相平日為善類宗主，而刻可聽其若此乎？諸學官之所指者五人，其甚蓋董宋臣也。一閹不去而諸學官去……此閹去則諸學官自留矣。大宰相如曰：『吾欲請去之，但恐上以為外廷有黨，是避嫌也。』今豈避嫌曰乎？」同集卷三尚有〈擬上封事〉一篇，是為姚氏彈劾董宋臣的疏稿。該文末有說明，曰：「時三月十一日也。學官去，館中有書援之，通進司弗受。復自草此書，欲明日伏闕。而十一日晚，已有逐董之命，遂不果上。」

11　譯者按：此事作者原文未註明出處，實為《宋史·劉應龍傳》的概括。又《宋史·劉應龍傳》原文所引吳潛之語只有「遷幸」而無「海上」，下文亦無「朕去海上」之語，這兩處均為作者概括時所加。

12　譯者按：此書作者原文未註出處，實出前文原註所引《宋史·吳潛傳》。

13　關於度宗被立為太子，《宋史》卷四二五《劉應龍傳》曰：「理宗久未有子，以弟福王與芮之子為皇子，丞相吳潛有異論，帝已不樂。」又，《癸辛雜識》後集「魏子之謗」條曰：「當吳毅夫（潛）為相日，穆陵（理宗）將建儲，吳不然之，欲別立汪氐承宣，專任（魏）方甫以通殷勤。」吳潛所主張擁立的「汪氐承宣」究竟為何人已不可知。不過，正因為在此問題上的致命傷，使得吳潛為政敵沈炎所彈劾，並在賈似道的密奏之下被奪去了相位。據《宋史·理宗本紀》景定元年：夏四月戊戌朔，侍御史沈炎疏吳潛過失，以「忠王（度宗）」之立，人心所屬，潛獨不然。章友鈞對館職策，乞為濟邸立後，潛樂聞其論，授汝鈞正字，奸謀叵測。請速詔賈似道正位鼎軸。詔朱熠、戴慶炯輪日判事，大政則共議以聞。」又，《宋史翼》卷十七《方逢辰傳》曰：「時上與似道密往復，外廷不得預聞。以宰相不知邊報為（吳）潛罪。夜半片紙，忽從中出，吳潛除職與郡。」

譯者按：此條註中作者引《癸辛雜識》「欲別立汪氐承宣」中「承宣」實為繼承之意，見《漢書·匡衡傳》：「繼體之君心存於承宣先王之德而褒大其功。」作者在按語中將之理解為人名，誤。又，據錢大昕《十駕齋養新錄》卷八「吳潛建儲之謗」，《癸辛雜識》中的「汪氐」應為「漢氐」之誤。

14　關於「打算法」，《宋季三朝政要》卷三景定元年條曰：「兵退，行打算法。賈似道忌害一時之閫臣，故欲以此污之。向士璧守潭州城費用委浙西閫打算，趙葵守洪則委建康閫馬光祖打算，江閫史岩之、淮閫杜庶、廣西帥，皆受監錢之苦，累及妻子。徐、李、杜追繫獄。杜死後，追錢猶未已也。」一時之間，眾人均以為賈似道過於苛酷，不過來自官僚界的同情，卻也正暴露了當時宋廷軍隊的無紀律性，和賈似道不得不如此處

置的必要性。對於此事，姚勉《雪坡舍人集》卷四錄其奏箚貼黃曰：「去年漢鄂諸將屬大臣統隸者，固皆整飭有紀。至於朝廷調遣趙江湖者，臣但見左金吾（夏貴）一軍秋毫不犯耳。其餘所至貪暴，掠子女、攘貨寶，甚於寇也。道路之間，邸舍狼藉，生意蕭然。幸不遭虜禍者，乃遭兵禍，豈不失陛下之人心哉！……臣州端陽，積峙頗厚，銅鏹累數十鉅萬，倉米亦可三十萬，雖無所用也。……小校吳思忠，江東西宣閫，本遷之戍予章沒口，聞虜已去瑞，乃不稟宣閫之命，提兵往來。自謂『虜退之後，例有檢括』，盜倉廩府庫之錢粟，發城市富民之窖藏，連搜稛載而去。李虎繼至攝郡，又盡其所未盡者而席捲之，毫孔靡有遺者。遂使瑞陽無力可以修復，合舉城築，為之孔艱。今攝郡之將雖竄南荒，所得既充，未失為富。而作俑之偏校，猶漏網者，朝廷不知也。……臣願陛下，自今出師，戒飭將臣，必用軍律。」而其奏箚正文又曰：「臣奏云：臣初亦不欲顯斥其人，然念事君勿欺，不敢不直言其事。」下錄：「玉音曰：『須要施行。』」此中所記之事，又見同書卷三二〈與太守陳監簿〉一文，可以作為當時民間輿論之代表。

15 關於賈似道的人事方針。因為最終的失敗，賈似道在後世頗有惡名，其傳記也被列入了《宋史‧奸臣傳》，不過當他初登相位之時，卻是享有空前人氣的。特別是關於他的人事任命，據姚勉《雪坡舍人集》卷三一〈答安撫徐矩山（經孫）書〉（寫於景定元年庚申），可見當時的評價：「有如先生，時之正人，朝之重望，與西澗葉（夢鼎）先生在履齋（吳潛）更化之初，蓋天下擬其為第一番召客矣。拂鬱公論，以至於今。今右相（賈似道）還朝，無日不委曲為諸賢地。於是當召者始召，而先生與西澗先生首在弓旌之招矣。前日公論之鬱蓄至是而始舒，朝野蓋共為之慶恔也。抑齋（愚？）意一二先生還已就治否？但所慮者，抑齋（陳）老先生未肯便出耳。愚意謂不如歸此二大老於朝，細氈廣廈、珍間之館以佚之，別命時賢為先生及西澗先生之代，然後為得。但未知愚說得行與否也。履齋此番再相，聲譽頗減於前，不甚惡丁（大全）之黨而善類曾仕於謝（方叔）之時者，每以為謝之黨……今右相則不然，內無私人，外無雜客，進擬必詢於眾，必出於公。除目日有快人意者……今庸齋（趙汝騰）已不來，西澗又未至，在朝幸有王修齋（爚）、古心（江萬里）、劉朔齋（震孫）及洪恕齋（汪綱？）數公耳。而楊平舟（棟）已召，可繫天下之望，更得先生與西澗先生蚤入，氣脈必漸復也。」同書同卷〈答提刑李後林書〉曰：「秋壑（賈似道）先生歸相，甚加意人才。如庸齋先生之得溫陵、陳千峰之帥廣右、平舟、西澗、矩山三先生之有召命，皆委曲為諸賢地也。趙德夫之為秘書、歐陽巽齋（守道）之為檢閱、陳和平之為架閣，又專以恬退而加旌錄。近時後村（劉克莊）復以秘書監召。日閱除目，多是快活條貫。使天福宗社，政本盡由中書，太平日月可冀。」對賈似道不惜讚美之辭。不過，糾集了如此之多不懂實際政治的空談家，其結果卻是使當時的宋廷出現了南朝式的貴族政治。《癸辛雜識》續集下「道學」條曰：「凡治財賦者，則目為聚斂；開閫捍邊者，則目為粗材；讀書作文者，則目為玩物喪志；留心政事者，則目為俗吏。」同書後集「賈相制外戚抑北司戢學校」條曰：「崇獎道學、旌別高科之名，而專用一等委靡迂緩不才之徒。高者談理學，卑者矜時文，略不知兵財政刑為何物。垢面弊衣，冬烘昏憒，以致靡爛慚盡而不可救藥。」

16 關於宋代朝廷的繁文縟節。宋廷慣例，當官員被任命高位之時，須在正式赴任之前提出表面上的辭職請求。如《朝野類要》卷一「典禮」條：「正謝：凡宰執侍從等差除，命下之日，即日赴新局，當時便回，卻上辭免表奏之。後朝命不允而已受，方始正行

朝謝。」這種做法雖在北宋就已實行，要以南宋末為最甚。參《宋史》卷四六《度宗本紀》咸淳四年正月：「庚戌，詔曰：『邇年近臣無謂引去以為高，勉留再三，弗近益遠，往往相尚，不知其非義也。亦由一二大臣嘗勇去以為眾望，相踵至今。孟子於齊王不遇故去，是未嘗有君臣之情也，然猶三宿出晝，庶幾改之。儒者家法，無亦取此乎？』」可見當時的所謂辭讓之風，而上文中所說的「近臣」，應該指的就是賈似道。

17　賈似道壓抑外戚宦官，《宋季三朝政要》景定元年條云：「賈似道入相，理宗之季，官以賄成，宦官外戚用事。似道為相年餘，逐巨璫董宋臣、李忠輔。勒戚畹歸班，不得任監司郡守。百官守法，門客子弟斂迹，不敢干政，人頗稱其能。《宋史‧賈似道傳》云：「似道入，逐盧（允升）、董（宋臣）所薦林光世等，悉罷之。勒外戚，不得為監司郡守。子弟門客斂跡，不敢干政。」

　　又《癸辛雜識》後集，賈相制外戚抑北司戢學校條云：「外戚諸謝，惟堂最深嶮。其才尤頡頑難制，似道乃與之日親狎，而使之不疑。未幾不動聲色，悉換班。堂雖知墮其術中，然亦未如之何矣。北司之最無狀者，董宋臣、李忠輔。前是當國者，雖欲除之，往往反受其禍。似道談笑之頃，出之於外，餘黨懾伏，惴惴無敢為矣（中略）。福邸帝父也，略不敢以邪封墨勒乞恩澤，內廷無用事人，外閫無怙勢之將，宮中府中，俱為一體。凡此數事，世以為極難，而似道乃優為之。謂之無才可乎？」

　　但說賈似道把董宋臣調為外任則是錯誤的，因為這是賈似道入相以前的事。賈毋寧採取窮寇莫追的方針，召回一度被外調的董宋臣。據《宋史本紀》載，召回李忠輔則是景定五年之事，李的罪狀雖與外戚謝堂有關，但賈似道故意忽視此點，對謝堂的求饒之請求，笑言「節度無慮」便了案。(《齊東野語》卷十八〈長生酒〉)然而，正如本文後段所述，明代陳邦瞻的《宋史紀事本末》卷一〇二「蒙古南侵」條所記，賈似道的事跡被完全改寫為：「似道為相，引薦奔競之士，受納賄賂，真諸通顯。又引外戚子弟，為監司郡守。」那樣，記述了相反的事實。大概一般的通史書（對賈似道的評價）時至今日仍被這種明人史觀所支配。又，關於賈似道把持學校，請參照拙著《亞細亞研究》第一卷〈宋代的太學生生活〉(收入全集第十卷)。

18　關於和糴和會子：南宋時代，政府強制從民間購入軍糧的行為被稱為「和糴」，政府和糴時並不使用現金，而是使用所謂「會子」的有價證券。《建炎以來朝野雜記》甲集卷十五「東南軍儲」條曰：「紹興元年……命戶部本錢下江浙湖南和糴米以助軍儲。所謂本錢者，或以官告、或以度牒、或以鈔引。」可見「本錢」並非銅錢。而其中的「鈔引」即是以後所稱的會子。隨着會子的大量發行，其本身的價值漸漸降低。《宋史》卷四二三《王邁傳》曰：「乾淳初行楮幣止二千萬，時南北休息也。開禧兵興，增至一億四千萬矣。紹定有事山東，增至二億九千萬矣。」《宋史》卷一八一《食貨志》「會子」條云：「紹定五年，兩界會子已及三億二千九百餘萬。」而此後其大量發行的情況則更為加劇。至於其價值，《建炎以來朝野雜記》甲集卷十六「東南會子」條曰：「今（淳熙十三年）江浙會子一千，率得銅錢七百五十。湖北會子五六百。」也就是說淳熙年間會子的價值不過其面值的五到七成。而最終，面值百貫的會子貶值到了僅能買一夜之醉的程度。

19　關於經界法：終宋一代，民間地籍皆極為紊亂，雖時常有人試圖正之，然無不以失敗告終。據《建炎以來朝野雜記》甲集卷五「經界法」條，可知南宋初年的情況：「紹興十二年，仲永（李椿年）上疏，言『經界不正十害：一、侵耕失稅；二、推割不行；三、

衙前及坊場戶虛換抵當；四、鄉司走弄稅名；五、詭名寄產；六、兵火後稅籍不信，爭訟日起；七、倚閣不實；八、州縣隱賦多，公私俱困；九、豪猾戶自陳稅籍不實；十、逃田賦偏重……平江歲入，昔七十萬斛有奇，今實入才二十萬耳。詢之士人，其餘皆欺隱也。』」可知靠近臨安的蘇州一地，即有三分之二的田地被有意隱瞞了起來。作為結果，落到貧戶頭上的賦稅也就更重了，作為政府實有必要對地籍進行實際測量，而這也正是經界法的設立、和反過來遭到上流社會不配合的原因。

20 關於賈似道的專權：《宋史・賈似道傳》曰：「除太師、平章軍國重事。一月三赴經筵，三日一朝，赴中書堂治事。賜第葛嶺，使迎養其中。吏抱文書就第署，大小朝政，一切決於館客廖瑩中、堂吏翁應龍，宰執充位，署紙尾而已。」可見其獨裁式的權力，而對於宋代經常威脅到宰相地位的台諫，賈似道亦能將之懾服。《錢塘遺事》卷五「台諫應故事」條曰：「以季可為察院。時賈相國，益忌台諫言事，悉用庸儒易制者為之。彈劾不敢自由。惟取遠小州太守及州縣小官，毛舉細故，應故事而已。」除此之外，為了使自己的權力更為牢固，他還不時以辭職來威脅天子。《宋史・賈似道傳》曰：「又乞歸養。大臣、侍從傳旨留之者日四五至，中使加賜賫者日十數至，夜即交臥第外以守之。」

21 關於賈似道的古董趣味：賈似道對古代美術品有着強烈的愛好，其葛嶺私第中亦藏有許多逸品，而遞藏至今日的美術品上更多有其印記。《癸辛雜識》後集「向氏書畫」條曰：「吳興向氏，後族也。其家三世好古，多收法書名畫古物……長安人劉瑄……言之賈公，賈大喜，因遣劉誘以利祿，遂按圖索駿，凡百餘品，皆六朝神品。遂醉以異姓將仕郎一澤。(向)公明稛載之，以為謝焉。後為嘉興推官，以贓敗而死，其家遂蕩然無子遺矣。」又，同書後集「賈廖碑帖」條記載了賈似道命王用和復刻《定武蘭亭》一事，事成之後賈似道還曾「賞用和以勇爵、金帛」。可知他雖極力打擊奔競之士，而本人亦存在種種弱點，在某些方面頗為脆弱。《宋史・賈似道傳》曰：「趙溍輩爭獻寶玉。陳奕至以事似道之玉工陳振民以求進。」同傳所言：「吏爭納賂求美職，其求為帥閫監司郡守者，貢獻不可勝計……一時貪風大肆。」當離事實不遠。

22 關於宋元曆日的問題：元阿尤軍的渡江時間，據宋人記載，乃是咸淳十年十二月十四日丙辰，而元人的記載則為至元十一年十二月十三日乙卯。如宋人周密《癸辛雜識》前集「賈母飾終」條記：「至十二月十四日，北軍透渡。」然《元文類》所收《經世大典序錄》「平宋」條曰：「(十二月)十三日，復攻陽邏堡。伯顏密謀阿術曰：『……今夜汝以鐵騎三千泛舟泝覘上流……遂以昏時泝流二千餘里……遂得南岸……』十四日黎明，阿術遣報。」十三日的干支，據《平宋錄》所記乃是乙卯。而兩國之間日期記載的這種差異，並非偶然齟齬，而是長久以來中國與北方民族所用曆日本身便有一日之差。此前宋遼之間便是如此。《石林燕語》卷三曰：「契丹曆法與本朝素差一日。熙寧中，蘇子容奉使賀生辰，適遇冬至，本朝先契丹一日。使副欲為慶，而契丹館伴官不受。子容徐曰：『曆家遲速不同，不能無小異。既不能一，各以其日為節，致慶可也。』契丹不能奪，遂從之。歸奏，神宗喜曰：『此事難處，無逾於此。』其後奉使者或不知此，遇朔日有不同，至更相推詰而不受，非國禮也。」然而同書卷九又記載了幾乎相同的事件，不過卷九中的事件發生在元豐中，虜曆的一方要先一日，且並非「伴官不受」而是「契丹趣使者入賀」，最後更是以契丹曆為正確曆法而結束。當然，從上述引文之首的「素差一日」之語來看，這種曆法所產生的齟齬應當不僅僅發生過一次。《鐵函心史》的「大義略敍」條曰：「韃近襲金人曆法，差於我國頒曆一日。」而比較僅存的宋曆與

遼金元曆可以發現，二者除了置閏之外，還有諸多地方相異。宋陸遊《家世舊聞》曰：「楚公言：遼人雖外窺中國禮文，然實安於夷狄之俗，南使過中京，舊例有樂來迎，即以束帛與之。公以十一月二十日至中京，遼人作樂受帛自若也。明旦，迓使輒至止不行，曰：『國忌行香。』公照案牘，則胡忌正二十日也。因移文問，胡曰：『去年昨日作忌，今年今日作忌，何為不可。』蓋利束帛，故徙忌日耳。」其實正是因為宋曆的十一月二十日要比遼曆早一天，和蘇子容的事件同屬一類。而關於宋金兩國曆日的差別，《金源箚記》中雖已有所考證，然而卻不如上述宋遼之間差別那樣可以找得到比較合適的史料來說明。到了南宋末年，由於宋蒙之間頻繁交涉之故，同一事件的記載上有一日之差的例子卻是頗多的。如景定五年（1264 年）秋七月，天上的彗星令人間騷動一事，宋人的記載是：「景定五年秋七月甲戌，彗星出柳（《宋季三朝政要》卷三）」、「景定五年甲子七月初二日甲戌，彗見東方柳宿（《齊東野語》卷十）」。記載的是七月二日甲戌這一天，然而同一顆彗星，當時被囚禁在真州的郝經的記載卻是：「長星行。甲子歲七月一日始見，九月十六日沒（《郝文忠公集》卷十二）」。與宋人的記載有一日之別。又，宋德祐二年、元至元十三年（1276 年），臨安淪陷，現在將《宋史》和《元史》諸本紀對此事前後的記載比較如下，《宋史》：「二月（十五日）辛丑，率百官拜表祥曦殿，詔諭郡縣，使降大元。」《元史》：「二月庚子，宋主㬎率文武百僚詣祥曦殿，望闕上表，乞為藩輔。」而關於投降之翌日的記載，《宋史》：「壬寅，猶遣賈餘慶、吳堅、謝堂充祈請使。」《元史》：「辛丑，宋主㬎遣其右丞相賈餘慶等充祈請使。」此後關於宋主到達上都、朝覲元世祖一事，《宋史》本紀和《錢塘遺事》卷九「丙子北狩」條記載的分別是：「五月丙申，朝於上都，降封開府儀同三司、瀛國公」、「五月初二日，作初見進貢禮儀。」應當是五月二日丙申無疑，然而《元史》本紀的記載卻是：」五月乙未朔，伯顏以宋主㬎至上都，制授㬎開府儀同三司、檢校大司徒，封瀛國公。」並將此事繫於五月一日乙未之下。而《新元史》則將此條《元史》拆為兩條，自「伯顏」至「上都」繫於乙未日，自「制授」以下繫於丙申日。按：《新元史》實大誤。以正史本紀的書法而論，「伯顏」云云九字不過是一種插入語，制授的日期必為乙未朔。這一謬誤，正是因為《新元史》作者不知宋廷於北方政權曆日有別而造成的。然而，解釋這種曆日差別的原因卻是極為困難的。若是如前文所引諸種宋元史料那樣，宋元之間的日期和干支都相差一天，那麼對於宋元之際的南方人來說，就不得不在某一天沿用昨日的日期和干支，以牽合元曆，這無疑是難以想像的。恐怕兩國之間的干支本屬相通，只不過長久以來在日期上相差一日，爾後在文書整理之際，便依據宋曆加上了各自不同的干支吧。如此一來，對中國古代所使用不規則置閏法的太陰太陽混合歷來說，之後應該是很方便修正這種日期差異的吧。以上所論，可供後來學者在模仿錢大昕撰寫《宋遼金元四史朔閏表》或《三正綜覽》之類的長曆類著述時注意。

23　關於宋末士風，可參考《建炎以來朝野雜記》乙集卷三「孝宗論士大夫微有西晉」條孝宗的議論，另外，《癸辛雜識》續集下「道學」條中所記周密前輩沈某之語，乃謂賈似道時代的士風：「異時必將為國家莫大之禍，恐不在典午清談之下也。」初不過一種預測，而後卻不幸在南宋滅亡之際成為了事實。下文即根據《宋史》卷四七《瀛國公紀》德祐元年條，將國家危急之際大臣的逃亡情況一一列出：
二月辛未，右丞相章鑒遁。
三月丙子，侍御史陳過請竄賈似道……不俟報而去。
庚寅，左司諫潘文卿、右正言季可、同知樞密院曾淵子、兩浙轉運副使許自、浙東安撫王霖龍相繼皆遁。簽書樞密院文及翁、同簽書樞密院倪普諷台臣劾己，章未上，亟

出關遁。

辛卯，命在京文武官並轉兩官，其畔官而遁者，令御史台覺察以聞。

十一月甲午，權禮部尚書王應麟遁。

乙未，左丞相夢炎遁。

十二月庚申，權吏部尚書丁應奎、左侍郎徐宗仁遁。

德祐二年正月庚午，庚午，同簽書樞密院事黃鏞、參知政事陳文龍遁。

辛未，命吳堅為左丞相兼樞密使，常楙參知政事。日午，宣麻慈元殿，文班止六人。

癸酉，左司諫陳孟虎、監察御史孔應得遁。

己卯，參知政事常楙遁。

庚辰，簽書樞密院夏士林遁。

甲申，是夜，丞相陳宜中遁。

而最後被推上相位的，卻只是毫無政治經驗的書生罷了。據《鐵函心史》的「大義略敘」條：「伯顏脅全太后幼君出國門。丞相吳堅、賈餘慶、參政家鉉翁、劉岊以下官僚，並奏乞封贈三代及妻孥，太后從之。」到了這種時候，還在務求虛名。

24 此事《宋史‧瀛國公紀》繫於是年二月丁酉朔。

25 編者按：據《宋史‧賈似道傳》，指使鄭虎臣的不是陳宜中，而是此前在公田法上與賈發生過矛盾的榮王與芮。

26 關於宋降臣與元世祖：《元史》卷九《世祖本紀》至元十三年二月庚申條曰：「帝既平宋，召宋諸將問曰：『爾等何降之易耶？』對曰：『宋有強臣賈似道擅國柄，每優禮文士，而獨輕武官。臣等久積不平，心離體解，所以望風而送款也。』命董文忠答之曰：『藉使似道實輕汝曹，特似道一人之過耳，且汝主何負焉？正如所言，則似道之輕汝也固宜。』」

第三編

資本家與地方官

9 晉陽李氏：五代史上的軍閥資本家

一 軍閥時代

所謂的五代，即從中世的唐向近世的宋的過渡時代。從另一個角度來說，五代又是一個處於社會上層的世襲性貴族勢力逐漸崩壞、新興官僚士大夫階級逐漸成立之間，由軍閥們所掌管的時代。而這些軍閥既是一介武夫，又是資本家，掌握着當時社會的絕大部分財富。就這一點而言，當時社會當與民國初年直系、奉系和其他大小軍閥割據的情況有所相似。可以説，這些軍閥一方面身為莫大的資本家，投入財力組織起一支支私人軍隊；另一面又利用私人軍隊，積累起私人財富以自肥。[1]

當然，五代的形勢並非一夜之間形成。早在唐末，各地節度使已掌握了地方的兵馬財政，用軍隊建起各自封疆，直接使用地方財政休養兵馬，宛然為獨立王國，而這也最終成為了唐王朝滅亡的最大歷史原因。面對這種情況，我試着以具體的實例為研究對象，以圖對當時社會的大致形勢進行一種鮮活的描繪。而為我所選中的，

便是晉陽的軍閥資本家李嗣昭一族。

　　唐末以來，在黃河沿岸，即所謂中原地區存在着大系統的軍閥割據勢力。其一是河南軍閥朱全忠，其軍隊乃是自曾引起天下大亂的黃巢之軍隊脫胎換骨而來。其二則是以魏博為中心的河北軍閥，乃是玄宗天寶年間曾引發大亂的安祿山、史思明之餘孽。其三則是山西軍閥李國昌、李克用父子，以沙陀部族為中心，乃是當時北方興起的一股新勢力。三大系統中，河南軍閥因為地利的關係最為強大，朱全忠甚至直接篡奪唐室，建立起後梁王朝（907 年）。而與河北軍閥對後梁的追隨相反，山西軍閥李克用基於和朱全忠的個人恩怨，對後梁採取了徹頭徹尾的反抗態度，視朱全忠為逆賊並自稱晉王，以便討伐後梁。因此，後梁雖大體控制了黃河流域的中原地區並享有正統王朝之名，然而晉軍的存在，也使後梁絕不能高枕無憂。

　　晉王李克用的根據地是位於山西省中部的晉陽，又名太原。雖在其東方同時受到河北軍閥以及後梁的壓制，然而憑藉對山西山地較多的地理環境的活用，在經歷了最初的困苦之後，李克用對後梁取得了最終的勝利。

　　與當時的其他軍閥一樣，李克用收有許多義兒。而他之所以能夠抵擋得住後梁的壓迫，則是因為其親生兒李存勖屢次在戰鬥中為他扭轉了局勢，至於最終顛覆後梁，亦有賴於義兒輩的盡心盡力。諸位義兒之中，以李存孝最為驍勇，而他的獲罪被殺也使李克用的軍隊陷入一時之不振。而此處欲研究的李嗣昭，則是李克用之弟李克柔的義兒。[2]

二　李氏父子

李嗣昭出生不明。據《新五代史》載本姓韓氏，汾州太谷縣民家子。李克用出獵至其家，適逢此家生子，於是便用金帛買取此兒，命其弟李克柔養以為子，而此兒即是李嗣昭了。李嗣昭為人短小，而膽勇過人，屢立戰功，為李克用所寵愛。因此與其說他是李克柔的義兒，不如說他是李克用的義兒。事實上，《新五代史．義兒傳》序中便將他算作李克用的其中一名養子。

此前，正當晉軍不利，朱全忠勢如破竹入侵山西，將李克用的根據地太原團團圍困之時，李克用的部將紛紛建議他應遠走北方的雲州，甚至奔往契丹。而李嗣昭則堅持認為應當固守太原，絕不讓步，並最終使用遊擊戰術困乏敵軍，得以解圍（天復元年，901年）。等到李克用去世，其親子李存勗繼承晉王之位，時局頗為困難，其時支撐國勢的其中一股力量，亦是李嗣昭其人。

另外，李嗣昭之妻楊氏非常賢慧，殊能蓄財，平生居積行販，累至百萬，而李嗣昭之所以能夠幫助李存勗維持對後梁的戰爭，這筆財產便是其中的關鍵因素。甚至可以說，整個足以和後梁抗衡的晉政權，是有賴於這位婦人的。

李嗣昭陣亡於對契丹的戰爭中[3]，其第二子繼韜在囚禁乃兄之後坐上了族長之位。他還繼承了父親的職位，成為了昭義軍留後，從而掌握了父親曾率領的軍隊。然而，就好像中了邪一般，李繼韜背叛了父親的遺志，與後梁暗通款曲。當時的後梁正處在朱全忠死後的末帝時代，繼韜的臣服令末帝大喜過望，隨即官拜同中書門下平章事。而為了表示自己對後梁絕無二心，繼韜甚至將兩個兒子送

往後梁，作為人質。繼韜突然變節的原因至今不明。史書曾給出理由，認為在李繼韜看來，後梁在戰爭中處於優勢地位，遲早會將晉政權消滅，不如早日抽身而去云云[4]，可是實際情況應當比史書的推測要複雜得多。我以為，繼韜的變節，乃是一種兄弟間遺產分配所造成的家庭紛爭政治化之結果。而李繼韜排擠長兄繼儔，成為族長的過程既已不詳，恐怕此中更有其他陰謀算計亦未可知。

　　然而，天下形勢卻發生了逆轉。隨着河北軍閥背叛後梁而投靠晉政權，晉王李存勖的實力大大提升，在與後梁的戰爭中連戰連捷，最終攻陷了敵人的首都開封。後梁末帝自殺之後，晉王李存勖於開封即皇帝位，改國號為唐，成為了歷史上的後唐莊宗。

　　經過一番對出路去就的躊躇之後，李繼韜否決了其弟繼遠提出的帶領軍隊坐鎮潞州以延歲月的主張，選擇採納母親楊氏的忠言歸順後唐。楊氏本在太原一意蓄財，聽聞愛子之事後，立即帶着數十萬兩銀子與李繼韜一道前往京師，先以重金厚賂天子側近的宦官伶人，隨後又發動莊宗的劉皇后代為求情。最終，被宦官、伶人和皇后之語打動了的莊宗發佈赦令，赦免了繼韜之罪。

三　手足之間

　　事實上，當時的天子莊宗也有自己的考慮。此前，他已為對立下戰功的部將進行賞賜之財源從何而來這一問題困擾許久。與後梁的連年戰爭，早已耗盡國庫所藏，而民間土地亦荒廢已久，連繼續榨取人民的手段都不復存在。對莊宗部下來說，掠奪李繼韜的家族積蓄以為賞賜，無疑是非常合適的。所幸，隨着李繼韜的歸順，榨取其財產也變得合理合法。史料中並未記載李繼韜為保全身家究

竟花費了多少錢，不過稍微想像一下便可知道，那一定是個莫大的數額。

莊宗固然饒了李繼韜一命，卻將之軟禁於國都，將其部下軍隊安置在潞州，又將其母送回太原。而繼韜雖然時常為天子所召，從其狩獵，可是他應當也是如坐針氈的。另一方面，在潞州的繼韜之弟繼遠從一開始便反對歸順，此後更是和繼韜達成默契，假裝引發兵變，希望朝廷派李繼韜帶兵前往鎮撫，從而達到脫離莊宗掌控的目的。可是，這一戲作般的計劃中途暴露，繼韜、繼遠兄弟被逮捕，和此前送往後梁作為人質的繼韜二子一起被處以死刑。

此時的潞州，安置着臣服於李嗣昭、李繼韜兩代的軍隊。這些軍人早就對朝廷的處置抱有不滿之情，朝廷使其軍移戍邊塞的命令更令他們疑竇叢生，有個名叫楊立的小校更準備聚眾兵變，所幸很快為朝廷所平定。楊立此人，史料（《舊五代史》卷七四）中並未詳細交代其出身，想來應當與李繼韜之母楊氏有一定的關係。

而隨着李嗣昭的二子繼韜、末子繼遠的被殺，族長之位又回到了長子李繼儔的手中。此人生來懦弱，先前曾為其弟囚禁，而現在既然恢復了族長之位，便開始一意報復，悉取繼韜的財物、姬妾以為己用。對此非常憤怒的弟弟繼達，遂穿上喪服，引數百騎坐戟門，使人殺死繼儔，此後本擬於潞州舉起叛旗，失敗之後，「將奔契丹」，卻又因「麾下奔潰」，故在中途自殺了。

當時諸李之母楊氏仍然健在，不過因為自相屠害之故，僅存三子繼忠、四子繼能和五子繼襲而已。家門之不幸仍在繼續，天成初年（926年）楊氏去世之時，時任相州刺史的四子繼能假借服喪的名目，馳歸太原以爭奪遺產，向負責管理楊氏錢財的婢女責問錢財，

並為此將之拷問笞死。婢女之家人隨即向政府告變，又言繼能意在「聚甲為亂」，最終導致了繼能及其同謀——五子繼襲被逮捕伏誅。在如此眾多的兄弟之間，如今只有善病的繼忠保全首領，僥倖地成為了這筆莫大遺產的繼承人。

四　後代命運

回看這段歷史便可發現，以一介婦人楊氏之手腕成就的李嗣昭一族之財產，如具神通般，在當時的社會上引起了一次又一次的波瀾。其最初，是作為晉國在種種困難中發展到後唐王朝的基礎；而後又曾為身為晉國柱石之臣李嗣昭之子卻叛國投敵的繼韜所用，在其歸順後唐，繼而不久後被殺的過程中，一定程度上緩和了後唐的財政困難；最後，當李繼韜死後，潞州興起叛亂，兄弟數人亦幾乎相殺屠戮殆盡。這一系列的事件，想來應該耗去了李氏的一大部分財產，然而故事到此遠遠沒有結束。

後唐莊宗雖歷經千難萬苦滅亡了後梁，建立後唐王朝，然而他在奪取天下之後萌生了輕慢之心，很快失去了對軍隊的控制，在內亂中被弒殺，叛軍隨後擁立了李嗣源為皇帝，即後唐明宗。而這位明宗亦是李克用眾多義兒中的一人，屬於莊宗的義兄義弟輩。明宗一代的政局較為平穩，可是到了明宗之子閔帝即位之後，明宗的義兒李從珂卻發動叛亂，弒殺閔帝之後登上了帝位。而此前明宗曾將一女嫁與石敬瑭，此時石敬瑭任河東節度使，鎮太原，他由於向來與李從珂交惡，對之有所警戒，故立即發兵謀叛，並向契丹借兵，最終打敗了唐兵，進入國都洛陽。隨着李從珂自殺，後唐便就此滅亡，石敬瑭也馬上即皇帝位，成為了後晉高祖。

因為石敬瑭在契丹的幫助下方才成就帝業，作為謝禮，遂將燕雲十六州割讓給契丹，此舉因其留與後世的巨大禍患而臭名昭著。時任石敬瑭參謀的劉知遠從一開始便反對割讓，主張只須暫時借與契丹即可，然而石敬瑭卻認為，除割讓外別無他法。石敬瑭之所以這麼認為，則是因為彼時的他正面臨極度的軍費短缺。

謀反之初，就供養一支軍隊而言，石敬瑭所擁有的物資無疑是非常匱乏的。另外，既然得到了契丹騎兵的援助，事後又必須支付一定的慰勞金。而此時進入石敬瑭視線的，便是李繼忠的財產了。

李繼忠在母親楊氏死後的家庭悲劇告一段落之後，便回到晉陽繼承了偌大的遺產。石敬瑭恐怕是以借用的名義，強制性地命令李繼忠供出財物。甚至還使人「就其第，疏其複壁，取其舊積」，最終「所獲金銀紈素甚廣，至於巾屨瑣屑之物，無不取足」。終於，在李氏積蓄的基礎上，石敬瑭湊足了給契丹騎兵的謝禮。所以說，後晉之所以「既濟大事」，皆拜李氏之財產所賜。

至於後晉高祖即位之後有沒有歸還這筆借款，史料並無明文，而想來亦是不會歸還的吧。不過作為補償，李繼忠雖有舊恙，高祖還是對之特別優待，任其為單州刺史，賜輸中奉國功臣，此後又入其為右神武軍統軍這樣的禁衛軍大將，爾後出領隰州、澤州刺史，最後其又入朝為右監門大將軍，並於開運三年（946年）歿於國都。自此以後，李氏一族便消失在史書上了。

可是等到後晉為契丹所滅，時代經過後漢來到後周之時，又出現了一位名為李彥頵的人物。此人初仕後周太祖，任權易使這一財政官員，到了世宗時又任延州兵馬留後，到鎮之後因其為官「窺圖剩利」致使當地「羣情大擾」。附近的蕃部亦對之抱有反感，興起騷

亂,「圍迫州城」。所幸鄰郡救兵及時趕到才沒有釀成大禍。此後,李彥頵又在西京、泗州、滄州等地為官,到任之處皆「處置乖方,大為物情所鄙」。不過,向來明察秋毫而又喜用嚴刑峻法的世宗對此人卻多「委曲庇護,竟不之責」,想來是因為此人或是具有非常優秀的財政手段,或是本身所擁有的財富足以幫助整個國家吧。而此人既是太原人,又「本以商賈為業」,可能與李繼忠存在着某種史料未能記錄的關係,亦未可知[5]。

五 財源分析

在後代看來,五代五十四年的歷史本身已經非常短暫,而其中的五個王朝更是短命政權的代表。最初的後梁享國十六年,之後的後唐十三年,再之後的後晉十一年,合計三代四十年。之後的後漢和後周加起來兩代亦不過十四年。既然晉陽李氏的財力曾左右過後梁、後唐和後晉三個王朝的命運,那麼可以說,其已經掌握了五代中四分之三的時間了。聯想到李氏的財產大多由楊氏聚斂而來,可知一介婦人的力量亦能夠推動整個五代形勢的發展。不得不承認,這種婦人之力實在偉大。

那麼,接下來的問題便是,楊氏是怎樣獲得如此數量龐大的積蓄的呢?遺憾的是,並無明確記載這一點的史料。當然,五代時的軍閥本身也可以被視為一種資本家,其資本基於其對地方政權的掌握,並藉此對人民進行剝削榨取。可是所謂的榨取是存在一定限度的,軍閥本身也絕沒有擁有過如楊氏所擁有的巨大資本。所以,處在今日的我們若對楊氏的蓄財手段進行一定程度上的想像,那麼便必須站在她的立場上對晉陽一地進行考察。

五代時期，今日的山西省——特別是處在山西中心的晉陽——無疑是一處要地。五代之中的後唐、後晉、後漢三個王朝都是以晉陽為根據地發跡的。而後漢在喪失中原之地後，其遺族仍能回到此處形成名為北漢的獨立王國，甚至在宋朝一統天下的過程中，最後被攻滅的亦是北漢。此地之所以有這些特點，其一是因為此地自唐末以來即是沙陀部族入侵中原的必經之路，保存有夷狄的勇猛作風；其二則必須承認，此地之人擁有進行軍事活動的充足財力。

時至今日，山西省仍以鐵和煤炭的產地聞名，而在唐末五代這樣的亂世，武器製造所必需的鐵和製鐵所必需的煤炭一定更為貴重。考慮到宋代磁州陶瓷製造業已經十分發達，汴京的居民亦已以煤炭作炊爨之用，則五代之人或許也已經認識到了煤炭在加熱上的作用了吧。此外值得注意的歷史上的山西特產，便是明礬。關於明礬非常有名的一點是，此物在宋代屬於國家專賣品，私人能從中獲益者絕少[6]。而從宋代國初即實行明礬專賣這一點，亦可以窺見山西產的明礬在社會和經濟上所佔的重要意義，是從五代一直延續到當時的。明礬作為媒染劑，是染色的必需品，而鞣制獸皮的過程中亦需明礬。在五代這樣的戰亂之世，與武器相關的皮革品製造之需求自然激增。古往今來，皮革製品在武器製造中都佔據着十分重要的位置，五代以來即從民間徵發牛皮，在宋代甚至留下了「牛皮稅」這樣的名號。在羣雄割據的時代，就算是為了從敵人手中獲得能夠製造武器的商品，亦是值得屢次潛入敵國購買，或是公然以其他必需品與敵國交換的吧。因此，山西的明礬銷往全國各地絕非不可思議之事。而晉陽李氏所販賣的商品中，恐怕一定是有明礬的。

而山西省的北部則產有白銀。雖說整個華北的銀產地著實稀見，不過山西省五台山附近即有數處銀礦。在五代末期割據於此的北漢，曾採納五台山僧繼禹的建議，經營柏谷一地的銀山，以所產銀兩作為輸送契丹的歲幣，其中歲幣即有每年千斤 —— 即一萬六千兩之巨，想來總產銀量應該更為龐大[7]。而該處銀礦是否始興於北漢，實無明證，或許我們可以做一種想像：早在晉陽李氏的時代，此家族便已經營過這座銀山，以之為蓄財的一種手段。當然，不管怎樣，李氏擁有數量眾多的白銀是不容辯駁的事實。

其次，我們需要考察的，便是五代時山西省在交通上的特殊位置。本來，從西域到東亞的交通線以甘肅的玉門、陽關、蘭州到長安、洛陽沿線進入中原為主，而在這條交通線以北，還存在着從額齊納、五原、包頭，經山西省北部進入熱河的另一條與之平行的交通線。這條較北的交通線在元代曾經非常繁盛，無疑與蒙古帝國的崛起有關。而當五代時，熱河附近的契丹勢力正當勃興，契丹與西域也維持着緊密的政治、經濟聯繫，如此一來，上述那條交通北線亦理應非常繁榮。此時的山西省，也成為了這條交通大道通往中原地區的支線所必經之地，早已不是以前處於整個交通體系之外的樣子了。而隨着契丹的日趨隆盛，位於中原和契丹交界處的山西也在對契丹商旅的貿易中佔據了絕好的位置。

另外，晉陽乃是五代中三代的創業根據地，又是十國中一僭偽之國的國都，在此期間出現李氏這樣的大資本家，實非偶然。

李嗣昭之妻楊氏積累財富的方法至今仍然不明。其中，《舊五代史》只是以「設法販鬻」一筆帶過，而《新五代史》亦僅謂「居積行販」而已。不過毫無疑問，這些描述所指的都是以投機為目的的

貿易行為，並非如後漢樊宏那般，通過建立廣闊的莊園來自行積累生產[8]。在李克用的諸多義兒中，尚有名李存信者，乃是回紇出身，「能四夷語，通六蕃書」，雖戰功無多，卻依然得到了李克用的重用並被收為義兒[9]。而李克用所看重的，或許便是李存信身為外交官的才能吧。當時的沙陀部族，如桑原騭藏博士所指出的那樣，並不單單是未開化的半遊牧民族，而是包含有各種其他民族特色的混合部隊，與其他北方系統的諸民族之間維持着一定的政治和經濟關係。因此，李存信這樣的外交官無疑是李克用所必需的。而考察楊氏的經濟活動，也必須將這一因素納入整個大背景之下進行。

六　軍閥資本家

　　五代軍閥，在作為將軍的同時亦是一種資本家，他們無不儘可能地壓榨領內人民，獲取私財，隨後又不得不動用私財來供養手下的軍隊。而除了晉陽李氏之外，魏博軍閥出身的趙在禮也以富有聞名。此人於後唐時在宋州任歸德軍節度使，「所為不法，百姓苦之」，而當聽到在禮離任的消息之後，百姓欣然說道：「可為眼中拔釘子，何快哉」。此語傳入在禮耳中後，他隨即奏請朝廷，「更求宋州一年」，於是回到宋州的在禮「命吏籍管內戶口，不論主客，每歲一千，納之於家，號曰『拔釘錢』」。而他所擁有的莫大財富，也引起了後晉出帝的注意，最終為其義兒延煦娶了在禮之女為妻。在禮為此送出三千匹絹作為結納，而婚禮亦極盡奢侈，號稱費用千萬。[10]

　　而若要獲得鎮守藩鎮以支配當地之土地和人民的機會，則須向中央身處要路者行賄。如曾仕後唐出帝、主司機密的劉延朗，在任命諸將為州刺史時並非依據功績，而是根據諸將的賄賂情況決定。

及唐晉革命之際，為晉兵所追逃而經過自家之時，這位劉延朗還發出了「我有錢三十萬貫聚於此，不知為何人所得」的感歎，最終為追兵捕殺[11]。

然而軍閥的資本來源，並不僅僅限於稅金和賄賂兩項。稅金本來並非地方官的私產，而應該是向朝廷繳納之物。說到底，當時的地方官不過是代替朝廷實行了供養軍隊之義務罷了，就算是將之中飽私囊，也是有限度的。而賄賂更是一種臨時「收入」，並不能提供持久的利潤。獲得莫大財富所需要的，是瞄準機會進行投資的資本運轉手段。以前文所述的趙在禮為例，史書便曾記載他在「兩京及所蒞藩鎮，皆邸店羅列」，可謂當時零售業的總經理人[12]。

每當五代史書論及這些軍閥資本家之時，總是將其蓄財過程簡單地劃歸為對人民的苛斂誅求，其實事實遠非如此。一方面，資本積累必須通過商業行為進行。如袁象先其人，雖曾「誅斂其民，積貨千萬」，然而從此前他便已經「所積財產數十萬，邸舍四千間」這一點來看，其財富還是主要來自資本運轉的[13]。另一方面，在五代這樣一個特殊的時代，最初的資本獲得方式亦具有時代特殊性——那便是掠奪。

關於以掠奪獲得財產的事例，首先需要提及的是張氏兄弟。這對兄弟包括兄長張筠和弟弟張籛。此前有名為侯莫威之人，曾在長安與溫韜同剽唐氏帝陵，大貯鑲異之物，而當張筠被命為雍州永平軍節度使赴任長安之後，非但立即誅殺侯莫威並籍其家，又於長安故宮內掘地，纍獲金玉，更擅自繼承了其前任康懷英的豐厚遺產，蓄積巨萬。他的這些際遇或許已經足夠幸運了，可幸運這種東西一旦沾上了，大概也就再也不會離人而去吧。當後唐滅亡前蜀之後，

前蜀王王衍本被命挈族入朝，然而當一行路過長安時，京兆尹張籛卻領到朝命將王衍一行誅殺，順便也將王衍的資財變成了自己的私藏。此人晚年得歸洛陽隱居，或許因為其運勢過於強大，亦未曾為那些被害者之靈作祟過，「第宅宏敞，花竹深邃，聲樂飲膳，恣其所欲，十年之內，人謂『地仙』」。不過他雖以掠奪起家，對人民卻頗有善政，以至於為人呼作「佛子」。而他最後得以善終，也許就是所謂的陰德陽報吧。[14]

　　而弟弟張籛，亦曾參與張籛在長安掠奪王衍財產的計劃。而到了後晉時，張籛又領受朝命和南楚國君主馬希範的許可，充任使者，前往湖南。張籛與馬希範頗有舊，想來在馬希範對之應多有優待，而張籛也帶上此前從蜀王處獲得的奇貨在湖南販賣，「又獲十餘萬緡以歸」。此後，張籛再次奉命前往西蕃購買馬匹。然而，或許是因為吞沒了部分公款的緣故，他很快因為購入馬匹的惡劣而為有司糾彈，最終「憤惋成病而卒」的他，比起乃兄的運勢，還是差了很多。張氏兄弟出身海州，又「世為郡之大商」，可以想見，兄弟兩人的資產恐怕不僅依靠掠奪而來，而是兼有一些資本運轉的商業活動的。

　　綜合以上各點可知，五代時期的軍閥資本有着共同的特點，與中世時以莊園為基礎的資本運轉不同，五代的資本基本上屬於從商業運轉得來的動產利潤。而最能代表這種特點的，便是晉陽李氏。更進一步地說，軍閥們為了追求商業利益，便必須抓住機會，得到一筆基礎資金以為資本。而掌握政權本身，亦不過是為了在商業活動中佔便宜而已。當時，由軍閥經營的商業活動——被稱為「回易」或「回圖」——頗為頻繁，甚至還取得了中央政府的默許，免去了

其中的商業稅。此種回易可以說是一種半公半民的特殊事業，利潤也極為豐厚。商業本身雖帶有投機性質，然而依託於政權的商業活動享有獨佔式的特權，可保證其絕對有利可圖。

而軍閥享有的這般特權在宋初仍然存在。宋朝自太祖以來便致力於消解地方軍閥，不過卻又不得不承認北方契丹國境附近之軍閥的特權，用以維持所謂士馬精強的狀態。宋太祖即專門針對關南李漢超、瀛洲馬仁瑀、常山韓令坤、易州賀惟忠、棣州何繼筠、西山郭進等人，將莞權得利悉數授予，以保證這些地區的軍費充足，又免去其地回易的徵稅，使得邊臣享有豐厚的財產以豢養死士，進而完成國境守備的任務[15]。所謂「莞權得利」，即允許這些軍閥自由販賣政府專賣品，而同時政府也不向他們收取商業稅。這種沿襲自五代之風的舉措，在宋太祖之時已只存在於北方國境附近了。太宗之時，便將這些地區所享有的特殊政策全部取消，邊境和內地的地方官也統一受到中央政府的監督。

七　流散與轉變

那麼接下來的問題便是，五代軍閥資本家是如何漸行崩壞並轉換為宋代官僚資本家的。而我們首先需要考察的，則是五代軍閥資本家所具有的漸進性變化。

軍閥資本家的本來面目，是如上文所述的李嗣昭那般，身為勇猛的武將，統率由悍部所組成的軍隊，再利用其政治地位積蓄私財，而後以私財給養部下。不過，對這類軍閥的子孫來說，想要維繫父祖的財產，就必須得繼承父祖身為武將的材質不可。如李嗣昭之子李繼忠，就因為病弱不堪為將，其資產也就此為後晉高祖石敬

瑭強制借去，最終不過是靠着後者的一番好意才得以維持自己的社會地位。而當時的武將以自己的部分積蓄分配給部下將士，樹立恩威，其目的實際上也是讓這些將士守護自己的子孫。也就是説，他們是非常希望能將私財傳給下一代的。這種行為也造成了一種結果，那便是所謂二世軍閥與中央政府的緊密結合。因為大多數二世軍閥對自己的軍事才能並無自信，於是主動獻財於中央，以保有自身的地位。這種二世軍閥對中央貢獻的風氣也逐漸流行起來。如《新五代史》所言：「自（後唐）莊宗以來，方鎮進獻之事稍作，至於晉而不可勝紀矣。」[16] 然而，同時期由方鎮貢獻所導致的另一個平行發展的現象卻是中央集權的再現。如前文曾舉以為例的軍閥資本家袁象先死時，未將財產均分給諸子而是全部留給了長子正辭，而正辭此後向後唐廢帝獻錢五萬緡，以領衢州刺史。到了後晉高祖時，他又獻五萬緡得任雄州刺史，然雄州地處偏遠，遂又獻數萬緡得免，後晉出帝之時又獻錢三萬緡以求內郡，卻在任命下達之前病死[17]。此外，身為勇敢的武人而為後唐屢立戰功的房知溫，同時又是一位有錢數屋、良馬千匹的大資本家。當他在後晉初年死去之後，其子房彥儒向朝廷「獻其父錢三萬緡、絹布三萬匹、金百兩、銀千兩、茶千五百斤、絲十萬兩」，以求「拜沂州刺史」。這些財物大致相當於錢十萬貫。《新五代史》對此發表感歎：「功臣大將，不幸而死，則子孫率以家貲求刺史，其物多者得大州善地。蓋自天子皆以賄賂為事矣。」[18] 而值得注意的是，五代初期割據一方的武將往往將其軍隊與資本緊密地結合在一起，可隨着軍隊與資本的逐漸分離，開始有了一種資本集中於朝廷的趨勢。當然這種變化並非一朝一夕間全方位進行的，首先發生的是資本從地方軍隊流向中央，隨後中

央再以這些資本為基礎，慢慢地將手伸向地方軍隊。根據上述諸例窺測，後唐莊宗在位前後正是這樣的轉換期，從唐末不斷激化的分裂傾向，終於被逆轉成為再次統一的傾向。

另一方面，此前團結一致的軍隊亦開始漸次瓦解。曾縱橫數州與中央相對抗的大軍閥集團解體成了若干個小股的分散軍閥，而這些小軍團也失去了自行擁立將帥的權力，中央所任命的將軍在軍中的威權亦與日俱增。在此之際，對軍閥將領而言，比起依賴自己在軍隊中的心腹，依存於和中央政府締結的緊密封建關係無疑更為安全。而接下來他們需要考慮的，只是如何將自己的財產傳與子孫罷了。事實上，宋太祖在解除當時有力的軍閥將領石守信等人之兵權之時，曾以保留各自的私有財產安樂地度過餘生相勸，而此舉正符合當時的時勢潮流，故而最後得以成功。而石守信同時也是史稱「積財巨萬」之人[19]。當宋之屬國南唐的後主未能及時籌措對宋的供奉之時，便曾間接在「富民石守信家得絹十萬」(陸氏《南唐書》卷八《睦昭符傳》)，這裏的「富民石守信」，便是此前的節度使石守信。而其長子保興、次子保吉均因繼承了父親的財富而享有「豪貴」之名。

八　歷史影響

此處不得不再就一個問題加以考察，那便是這類軍閥資本家，同時亦兼任着為政者這一職務，那麼他們對地方上的人民，又究竟抱有何種態度呢？當然我們很容易想像，所謂軍閥，必會最大限度地榨取人民，然而這種榨取，恐怕終究是存在一定限度的。他們既身為豢養部下軍隊的直接責任者，便不得不時時對糧食的確保加以

注意。如後梁太祖雖出身盜賊，卻頗用意於民政，《舊五代史・食貨志》乃謂其「內辟污萊，屬以耕桑，薄其租賦，士雖苦戰，民則樂輸」，又以為「及（後唐）莊宗平定梁室，任吏人孔謙為租庸使，峻法以剝下，厚斂以奉上……不三四年，以致顛隕」，對莊宗的批評固然有些苛酷。那麼，經過多年混戰才得到天下的莊宗，在面對因連年戰禍而荒廢的土地，以及因此而陷入危殆的民生時，又究竟有沒有發佈善後政策，收拾人心呢？在孔謙的本傳中可以看到，莊宗初即位時，的確曾有意「推恩天下，除百姓田租」，然而，「孔謙悉違詔督理」，可知在身為財政責任者的孔謙看來，是存在着必須反對莊宗詔書的理由的。而明宗在莊宗被弒登上皇位時，立即將所有的罪過歸於孔謙一人身上，將之處死以迎合民心[20]。不過，恰恰是拜莊宗此前的伐蜀計劃餘蔭所及，明宗得以滅亡前蜀，而從蜀地收穫的戰利品也大大改善了朝廷的財政狀況，使得明宗一代有了休養民生的餘裕，為後世稱為五代中的小康之世。

關於從後梁到後唐的地方官，則有在洛陽附近復興農業的張全義，在地方官任上頗受當地人民敬慕的李嗣昭。此外張筠在大肆劫掠的同時卻不忘在政治上布以善政，在中央規定的租稅之外對人民絲毫不取。可知他們的軍閥資本主要是由商業運轉獲得，對農民則一味放任，只儘量多收些糧食，以備上繳而已。

我以為，地方官採取的重農政策所必然導致的結果便是佃戶制度。中國中世的部曲莊園制度中，所謂的土地所有者實際上是土地領有者，擁有驅使其領內名為部曲的半自由民進行土地耕作的權力。而到了宋以後的佃戶制度，則是一種通過與身為自由民的佃戶建立契約，將自己的私有土地進行借貸，並收取佃租的制度。然而

關於莊園制度變為佃戶制度的確切年代，雖無明文記載，卻大抵應該發生在以五代為中心的前後時間內。更有可論者，解放身為農奴的部曲，對土地所有者來說其實是一種利益上的損失。原本傳自祖先的土地及附在土地之上的部曲是完全附屬於自己的，可一旦部曲的租耕權得到承認，等到地主想要將土地做其他更有效的利用時，反而會被這種租耕權所束縛着。另一方面，若是將部曲解放為自由民，那麼地主便可以以對自己最有利的條件提供土地借貸，並收取盡可觀的地租。而這也保證了佃農會將這片土地百分之百的生產力全部發揮出來。甚至可以說，正是通過部曲的解放，地主才能首次獲得完全的土地所有權。

在法律上，部曲的解放究竟開始於何時，這一點史書並無明文。恐怕這種解放與法制的發佈無關，而只是在唐末五代之混亂中徐徐實現的吧。可以想像，五代的軍閥政治家，在要求農民上繳必要的糧食之外，或許是出自對部曲的同情 —— 當然更有可能是出自承認地主權力的立場 —— 對佃戶制度的普及應當持有歡迎的態度。而以我管見所及，《宋史·盧多遜傳》應該是農奴化部曲存在的最後一例了。

中國歷史上，造成農民痛苦的，與其說是國家規定的正稅，不如說是帶有地方稅性質的徭役這一重壓。而且越是天下一統的和平時代，徭役帶給農民和地主的負擔便越是巨大。這是因為隨着財政上的中央集權，所謂「上供」的物資越來越多，農民不單單需要向地方政府繳納租稅，還須負起責任，將租稅運輸至國都，這種賦課在農民身上的義務便是徭役了。不過，作為五代軍閥割據的結果，很少能成功完成物資的遠距離運輸，地方官衙也很少要求農民服徭

役。所以說五代的農民，特別是其中的地主階級，在軍閥的「誅求」之下反而只是被課以輕微的徭役。這不禁使我們懷疑，當時的各種情況，並沒有達到《新五代史》著者歐陽修所擔心的那種不安狀態。

反觀宋代一統之世，要求地主服行的徭役和義務急遽增加，並在仁宗之世達到頂點。當時所謂州役之一便是衙前之役，此種徭役專門以農民地主為對象而設，他們或是負責將物資通過漕運運往國都，或是被命令籌措那些每年不斷增加的官僚的生活費和交際費，為此破產者不可勝計，而破產者的土地也隨即流入「官戶」手中。宋代的官戶與唐代不同，凡官僚所出的人家皆不需承擔徭役，無論擁有多麼廣大的土地都只須繳納租稅而已。就這樣，五代時所不曾見到的景象 —— 官僚的土地兼併和農民地主的沒落開始出現，而若是農民地主想要守護自己的財產，那麼除了把自己變成官僚之外別無他途。也正是這種官僚地主的出現改變了整個農村的面貌，而這種改變後的面貌卻一直持續到了之後的元、明、清三代。於是，近世文化的擔當者 —— 官僚資本家階級便如此成立了。

宋以後的士大夫地主階級，在其社會地位上或許與唐以前的貴族地主階級有所相似。不過宋式的士大夫並非直接由唐式的貴族推移演變而來，而是在五代這一軍閥資本的時代中由商業化的軍閥資本家所育成的農民地主，在進入宋代之後與新興官僚資本家合體的結果 —— 這種解釋或許更為自然一些。他們既是地主，又是官僚，還同時經營商業，由此便誕生了三位一體的新士大夫階級。這種士大夫階級，似乎在五代末期南方獨立小國中業已形成，要稍早於北方。而這一事實也正好可以用來說明，為何宋代創業期以後南方士大夫漸漸成為了官僚界的主流。

註釋

1　編者按：原題為「五代史上的軍閥資本家 —— 以晉陽李氏為例」，小節劃分及標題為編者所加。

2　關於李嗣昭一族之史料，本文所據主要有《舊五代史・李嗣昭傳》（卷五二）、《舊五代史・李繼忠傳》（卷九一）、《新五代史・李嗣昭傳》（卷三六）、《文獻通考・國用考》等。

3　編者按：李嗣昭於鎮州征伐張文禮時，中箭而亡。

4　譯者按：此處的「史書」指的是《舊五代史・李嗣昭傳》所附《舊五代史・李繼韜傳》的說法。

5　譯者按：作者此段基本根據《舊五代史・李彥頵傳》。

6　關於明礬在經濟史上的意義，參照佐伯富〈宋代的明礬專賣制度〉，載《東亞人文學報》一之四。

7　關於柏谷的銀冶，《續資治通鑑長編》卷四乾德元年閏十二月丙子條載：五台山僧繼儒「又於柏谷置銀冶，募民鑿山取礦烹銀。北漢主取其銀以輸契丹，歲千斤。因即其治，建寶興軍。」

8　譯者按：參《後漢書・樊宏傳》。

9　譯者按：作者此處參考了《新五代史・李存信傳》。

10　譯者按：作者此段基本參考了《舊五代史・趙在禮傳》，其中「拔釘錢」一事，乃出此傳末所附邵涵等《舊五代史考異》引《五代史補》。又趙在禮之女婚禮的細節，如納絹三千匹、費用千萬等，乃出《新五代史・晉家人延煦傳》，與《舊五代史・晉室宗列傳》延煦條下《考異》引《資治通鑑》卷二百八十五「在禮自費緡錢十萬，縣官之費，數倍過之」的記載有異。

11　譯者按：作者此段參考了《舊五代史・劉延朗傳》。

12　譯者按：見《舊五代史・趙在禮傳》。

13　譯者按：作者此處參考了《新五代史・袁象先傳》。然而原傳中「誅斂其民，積貨千萬」指的是象先在宋州任上所為，「所積財產數十萬，邸舍四千間」則是概括象先平生之語，位於「誅斂其民，積貨千萬」之後。而據中華書局點校本《新五代史》校勘記，「所積財產數十萬，邸舍四千間」中「十萬」，唯百衲本影南宋慶元本作「千萬」，他本均如作者此處引作「十萬」。揆諸傳文「莊宗滅梁，象先來朝洛陽，輦其資數千萬」之語，可知袁象先一生所積必不止十萬，當從百衲本作「千萬」。而作者此處之所以誤將傳文中二事顛倒，實際上也是因為作者所見《新五代史》版本誤作「十萬」，便以為「所積財產數十萬」者在前，而「積貨千萬」者在後了。

14　譯者按：作者此段基本上參考了《舊五代史・張筠傳》。原傳此後尚有張筠乞歸長安之後恰逢洛陽大亂，並最終善終於長安之事。

15 關於宋初北方防衛軍將領的配置，參《續資治通鑑長編》卷十七開寶九年十一月庚午條下註、《宋史・李漢超傳》（卷二七三）。而上述兩種史料均謂李漢超鎮撫「關西」，然此人實在關南兵馬都監、關南巡檢任上有能名，故此處改為「關南」。

16 譯者按：見《新五代史・趙在禮等傳》傳末贊語。

17 作者此處基本參考了《新五代史・袁象先傳》。而原傳中，袁正辭於後晉出帝時所獻除錢三萬緡外，尚有「銀萬兩」，「以求內郡」亦非正辭所為，而是在其獻錢後，「出帝憐之，欲與一內郡」。

18 譯者按：作者此處基本參考了新、舊《五代史・房知溫傳》。其中房知溫「有錢數屋」，乃據《冊府元龜》卷七百廿一；「知溫⋯⋯曰：『吾⋯⋯有錢數室』」、「良馬千匹」，乃據《冊府元龜》卷四百八十五；「清泰「三年七月丁酉，青州房知溫獻馬五千匹」，引《新五代史》「功臣大將」以下，乃據該書《房知溫傳》所在卷之卷末贊語。

19 譯者按：見《宋史・石守信傳》。

20 譯者按：今本《舊五代史・孔謙傳》僅從《永樂大典》輯得前半，作者此處基本參考了《新五代史・孔謙傳》。

10 │ 宋江：歷史與小說中的羅生門

一　史料中的宋江

　　宋江作為著名小說《水滸傳》的主人公，在中國民間稱得上是非常有人氣的英雄角色。然而，宋江並非完全架空的存在，而是歷史上的真實人物。正是這一點勾起了歷史學家們的興趣，屢次對這一實在人物的行年進行考證。在此謹選擇其中的可信部分，將作為歷史人物的宋江的生平全貌敍述如次。[1]

　　關於宋江，史傳上最早的記錄出現在《皇宋十朝綱要》宣和元年條：「十二月，詔招撫山東盜宋江。」而之後關於宋江的消息，則見於《宋史》卷三五一《侯蒙傳》敍侯蒙知亳州時，正逢宋江寇京東路，又載其上書曰：「(宋) 江以三十六人橫行齊魏，官軍數萬，無敢抗者，其才必過人。今青溪盜起，不若赦江，使討方臘以自贖。」侯蒙也因此得到了徽宗的嘉獎，轉知東平府，未赴任而卒。

　　而這位宋江，由《宋史》卷三五三《張叔夜傳》可知，最終為知海州之張叔夜所招安。根據該傳的記載，正當宋江等人在海岸附近

劫掠了「巨船十餘」，滿載戰利品而歸之時，張叔夜預先埋伏了死士千人，接着誘賊上岸，乘機焚毀了宋江的船隻，最終在前後包圍之下「擒其副賊」，於是，「江乃降」。

至於招撫宋江的時間，《皇宋十朝綱要》和《宋史》二者所載均在宣和三年（1121年）二月。

由於當時正逢方臘起義之際，這位宋江也就此跟隨討伐軍的主將童貫一起南征，最後在包圍起義軍根據地幫源洞的作戰中立下了一定功勞。而他的名字也因此作為童貫的部將，見於《續資治通鑑長編紀事本末》卷一四一宣和三年四月二十四日戊子條：「劉鎮將中軍，楊可世將後軍，王渙統領馬公直、並裨將趙明、趙許、宋江，既次洞後。」遂得以於此後第二日，即二十六日庚寅生擒方臘，然而由於方臘餘黨仍散在各地，宋江等人不得不繼續討伐。據《皇宋十朝綱要》宣和三年六月九日辛丑條：「辛興宗、宋江破賊上苑洞。」全部的起義亦在此月被平定，隨之而來的是七月童貫的凱旋和八月對方臘處以死刑。

宋江在上引史書中出現的時間非常短暫，即宣和元年到三年（1119—1121年）這三年間。而在這三年之間，曾身為「劇賊」的宋江歸順了官軍，並參與到了討伐方臘一役中。如《宣和遺事》所載：「宋江和那三十六人歸順宋朝，各受武功大夫誥敕，分注諸路巡檢使去也……後遣宋江收方臘有功，封節度使。」[2]這是大體上遵循事實的，而此後的小說《水滸傳》同樣是遵循這一系列的事件敷衍而成的，可視為史實的一種副產品。

二 三個宋江

　　而此處我所考慮的卻是另一個問題，即上述史書中，並沒有表示「劇賊」宋江（A）、官軍中的宋江（B）是同一個人的明證。我們或許不過是在潛意識裏受到《宣和遺事》和《水滸傳》故事的影響，當看到《皇宋十朝綱要》中緊接着「盜賊」宋江（A）的被招撫，又出現了在童貫軍中活躍的宋江（B），便將兩人類推為一人罷了。而使得這一推理變得更為光怪陸離的，則是另一位宋江（C）的存在。

　　《東都事略》卷十一〈徽宗本紀〉宣和三年條曰：「五月丙申，宋江就擒。」眾所周知，《東都事略》為南宋初年的王偁所著，成書年代要遠遠早於元末所修的《宋史》。且享有記事可信的定評。此條中的宋江，和前引張叔夜、侯蒙二人本傳中提到的宋江應該是同一個人。然而，此條《東都事略》卻與《宋史》本紀中與宋江相關內容大相徑庭，而這便是前文所說的「光怪陸離」了。

　　方臘被捕的時間既是宣和三年四月二十六日庚寅，而宋江（B）也參加了這場戰鬥，此後經過五月和閏五月，又於六月九日辛丑再次參加了上苑洞的掃蕩戰。那麼，在此期間的五月三日丙申「就擒」的宋江（C）便顯而易見是另一個人。

　　事實上，以前讀《東都事略》時，我就對其中關於宋江就擒的記載非常在意。而因為此條與其他記載的矛盾實在太過明顯，難保不是《東都事略》本身的錯誤，將信將疑之下，我只好暫時將這個問題擱置了起來。直到近日，足以證明《東都事略》記載正確性的史料終於出現。那便是 1963 年北京中華書局出版蘇金源、李春圃編《宋代三次農民起義史料彙編》[3] 中所介紹的 —— 范圭〈宋故武功

大夫河東第二將折公（可存）墓誌銘〉。這一史料，其原石於 1939
年左右出土於陝西省府谷縣。根據部分誌文，可知折可存曾隨童貫
出征討伐方臘，中謂：「臘賊就擒，遷武節大夫。班師過國門，奉御
筆捕草寇宋江，不逾月繼獲，遷武功大夫。」細讀此句，我們便發
現，在方臘被捕之後不久，所謂的草寇宋江（C）亦被官軍生擒。如
此說來，上引《東都事略》之文絕非無根的錯謬之談。

　　折氏在北宋一代，是黃河河套地區府州的大族，在北宋末年曾
出過折可大、折可適、折可求這樣《宋史》有傳的人物，而折可存
毫無疑問是這些人的同族和同輩。可存在方臘討伐戰中，既是「用
第四將從軍」而「兼率三將兵」的，可見其人應當是折氏嫡系 [4]。他雖
然先後參與了平定方臘、宋江（C）之亂的戰鬥，卻並非主將，是以
只是被分別授了武節大夫和武功大夫這樣的官階（二者均不過從
七品）。另外，筆者對范圭其人所知不多，不過基於墓誌銘的性質，
文章固然難免誇飾，然而憑空捏造事實卻是不太可能的。也就是
說，宋江（C）的存在本身，是不容否認的事實。

三　招安之謎

　　既然與宋江（B）並非一人的宋江（C）之存在得以確認，那麼，
我們對於向來被認為是不證自明的下列圖式：

　　宋江（A）＝宋江（B）

　　就不得不再檢討一番了。其中，由於同為「劇賊」的身份，故
比起宋江（B）來說，宋江（A）無疑與宋江（C）更加接近，而身為
童貫部將的宋江（B）似乎又與另外二者迥然不同。因此，我暫且沿
着這一方向進行進一步的考察。

方臘在睦州起義的時間是宣和二年（1120 年）十月，數月之間便攻陷了歙州和杭州並迫近秀州。同時，宋廷正與金國同盟入侵遼國，並準備以童貫為將軍，派兵收復燕山地區。於是，宋廷便直接以征遼大軍來討伐方臘。據《宋史》卷四六八〈童貫傳〉：「造平燕之謀，選健將勁卒，刻日發命。會方臘起睦州，勢甚張，改江、浙、淮南宣撫使，即以所聚兵帥諸將討平之……率禁旅及秦、晉蕃漢兵十五萬以東。」其軍容之旺可見一斑。又，《宋會要輯稿》兵十「討方臘」條[5]曰：「樞密院起東南兩將、京畿一將，前去捉殺。內將副如非曾經戰陣人，日下差人抵替。其軍兵仍差曾經陝西出戍人，於是陝西六路漢蕃精兵同時俱南下。」可知當日對軍團（即「將」）的將與副之選擇委實嚴格，甚至到了下命將未曾上過戰場之人替換為有戰爭經驗者的程度。

　　當時的總兵力，據前引《宋史・童貫傳》，在十五萬人左右，以如是之兵力，就算宋江已經投降了宋軍，恐怕也輪不到他來擔任先鋒裨將吧。畢竟如前所述，以宋江的實力，甚至連張叔夜所招募的死士千人都敵不過，落得一個為張叔夜所生擒的下場。

　　對此，我想再提供一則來自他書的史料，以作旁證。汪應辰《文定集》卷二三〈顯謨閣學士王公（師心）墓誌銘〉記載了王氏任海州沭陽縣縣尉時，正逢「河北劇賊宋江」入侵京東路，王氏遂「獨領兵要，擊於境上，敗之，賊遁走」。所謂縣尉，其實不過是公安局局長一類的文官，其部下亦非正規軍，而是連弓箭手都不曾配備的民兵。而敗走於縣尉的宋江，其實力更是不過爾爾。我們很難相信，這樣的宋江，能夠在主要由陝西系將領所組成十五萬討伐方臘的大軍中，成為約二十名高級幹部的其中一員[6]。

再從時間上看，剛剛被招撫的宋江，立即走馬上任參加討伐方臘行動，同樣是不可能的。本來，童貫官拜江浙淮南等路宣撫使受命討伐方臘的時間，據《宋史》和《宋會要輯稿》是在宣和二年十二月二十一日丁亥，而《續資治通鑑長編紀事本末》和《皇宋十朝綱要》的記載則稍晚，在宣和三年正月七日癸卯[7]。不管怎樣，童貫及其部隊從國都出發的日期一定早於宣和三年正月中旬。事實上，據《續資治通鑑長編紀事本末》，在正月二十一日丁巳這一天，童貫大軍已經渡過長江，抵達鎮江。

而童貫出征的狀況，在《三朝北盟會編》卷五二所引《中興姓氏奸邪錄》中，有一段頗為鮮活的描述：「宣和二年，方臘反睦州……東南震動。以貫為江浙宣撫使，領劉延慶、劉光世、辛企宗、宋江等軍二十餘萬討之。貫行兵事急，上為出城東以餞貫，握貫之手親送之。」相信只要心平氣和地閱讀上引諸條史料，即可知宋江（B）自童貫出征之初便已身在其軍中了。

而另一方面，根據《宋史》《皇宋十朝綱要》《東都事略》等書，宋江（A）至少在宣和三年二月之前，還在長江北從事「劫掠」。如此說來，「宋江（A）＝宋江（B）」的論斷實絕無可能。綜上可知，身為童貫部將的宋江（B）在其出征時便在其軍隊之中，此後又隨童貫離開國都，並於宣和三年正月渡江，抵達鎮江，而此時，身為「賊帥」宋江（A）還尚未接受招安。

四　「劇賊」宋江

那麼，接下來的問題便是，張叔夜所招撫的宋江（A）與平定方臘後不久被擒拿的宋江（C），究竟是不是同一個人？遺憾的是，我

們尚未得到能解決此問題的關鍵證據，不過基於常識考慮，從宣和元年到三年期間同時有三位名叫宋江之人活動着，委實難以想像，是以我在此還是先假定宋江（A）和宋江（C）是同一人物，並沿着這個假設進行考察。

而首先需要進行的，是對張叔夜招安宋江之日期的再檢討。關於此事最早的記錄見於《皇宋十朝綱要》，然而該書該處的記載，似乎又摻雜了其他內容，即：「（宣和二年二月）庚辰，宋江犯淮陽軍，又犯京東、河北路，入楚州界。知州張叔夜招撫之，江出降。」可以看到，二月十五日庚辰條之下記載了數樁事件，宋江在一天之內自然不可能從淮陽軍（今下邳縣）經過京東路、河北路進入楚州，所以庚辰這天所記的，只是其中一件事而已。這件事亦絕非最後所書的張叔夜招撫，而是此條最初所書「犯淮陽軍」這一事實。之後「又犯東京」云云，只是因為最初發生在這一天的「犯淮陽軍」附帶所及，才記於此處的。這麼說來，張叔夜招安宋江的具體日期並未記錄在此書中。

而《宋史》本紀則看似採用了《皇宋十朝綱要》以外的根本史料，將宋江歸順的時間定在宣和三年二月，即：「（宣和三年二月）是月……淮南盜宋江等犯淮陽軍，遣將討捕，又犯京東、江（河？）北，入楚、海州界，命知州張叔夜招降之。」此條記載在以下兩個方面要優於前引《皇宋十朝綱要》。首先，此條記錄了宋江等犯淮陽軍之後被朝廷「遣將討捕」這一過程。如此一來，便可知前條引文中二月十五日庚辰這一日期，實際上就是朝廷下令「遣將討捕」之日。中國朝廷的記錄，向來不是以地方上發生事件的日期或是地方上報告到達朝廷的日期為準，而往往以朝廷頒佈針對事件的對策

的日期為準。其次，這條記載在楚州之後，較前引《皇宋十朝綱要》多了海州一地。後者的這處脫漏，很可能讓人產生當時張叔夜是楚州知州的誤會。

此外，《宋史》之所以將張叔夜受命招降宋江之事書於二月，應該只是漫不經心地照抄了《皇宋十朝綱要》的記載，而並非根據其他新材料加以推定的。事實上，此條《宋史》的後半不僅與前引《皇宋十朝綱要》幾乎完全一致，還增加了一處重大錯誤。

根據《皇宋十朝綱要》的記載，宋江犯淮陽軍之後，又進入京東路和河北路，最終在楚州出現。也就是說，宋江並不是從淮陽軍直接進入楚州的。當時的淮陽軍，即今下邳縣，位於京東路南端，距位於淮南東路北邊的楚州和海州在地理上非常之近。然而當時的宋江卻並未從淮陽軍直接前往楚州，而是先行北上，到達京東路的中央腹地，再從那裏前往河北路，最後才南下楚州的。

而《宋史》卻將原來的「河北」改作「江北」。無疑是因為《宋史》的編者以為，宋江等人既然在二月這一個月間就已經被招降，那麼從京東到河北再南下楚州和海州的漫漫征途所需時間肯定是太長了，於是宋江從京東前往的目的地便從河北被改為了江北（淮南地區），然而這種改動卻又是與事實相悖的[8]。在前引汪應辰〈王師心墓誌銘〉便已明言「河北劇賊宋江」，而《東都事略》卷一〇三《侯蒙傳》更載：「宋江以三十六人橫行河朔、京東。」又，《宋史》卷三五三〈張叔夜傳〉曰：「宋江起河朔，轉略十郡。」

從以上數條，均可以推知，宋江犯河北是不容否認的事實。

如此一來，宋江於宣和三年二月十五日庚辰前後，從淮陽軍北上，通過京東路進入河北路，又再次從京東路南下，最終進入淮南

路北邊的楚州和海州這一系列行軍過程既得以承認，而整個過程亦不可能全部發生在二月這一個月裏，應當需要幾個月左右。那麼，我們就有必要對前述《東都事略》中關於宋江的記載作進一步的檢討了。《東都事略》云：「（宣和三年二月），淮南盜宋江犯淮陽軍，又犯京東、河北，入楚、海州。」[9]卻並沒有緊跟着記載張叔夜招降一事。等到三個月之後，方才如本文前文所引那般：「五月丙申，宋江就擒。」

另外，張叔夜招撫宋江一事，他書記載甚多，不過同書卷一〇八《張叔夜傳》中的記載，卻與前引《宋史》微有異，該傳曰：「密伏壯士匿海旁，約候兵合，即焚其舟。舟既焚，賊大恐，無復鬥志，伏兵乘之，江乃降。」此處宋江乃於進退維谷之時才投降的。也就是如同「就擒」一般。可見《東都事略》本紀和《張叔夜傳》中的記載完全對應。而我們也終於可以根據《東都事略》，將張叔夜招撫宋江一事定在宣和三年五月三日丙申這一天了——雖說若是從一開始便細讀《東都事略》的話，也可以得出同樣的解答。當然，如前所述，方臘早在五月三日之前便已被逮捕，宋江亦絕無加入童貫的軍隊協助討伐方臘的可能。作為結論，「轉掠」於河北、京東之間的宋江（A），其實就是在官兵討伐之下不得已而投降的宋江（C），而童貫軍中因討伐方臘立下大功的宋江（B）則是另一個人，此人從一開始便身為陝西系的軍隊將領之一。

五　故事的藍本

我寫此文最初的目的既已達成，以下便再花一些功夫，儘可能地對「盜賊」宋江的行跡做一番考察。史書中的宋江，或作「淮南

盜」，或作「河北賊」，或作「京東賊」，對其出身均無定論。想來當日的記載只是根據地方上的報告而寫就，對其根據地和大本營並不關心。所以入侵淮南的時候便是「淮南盜」，入侵河北的時候便是「河北賊」了。而我們一旦將這些零星記載綴合起來，或許就能畫出宋江的大致所為，亦未可知。

如前所述，最早記載宋江之事的《皇宋十朝綱要》宣和元年十二月條稱之為「山東盜宋江」，恐非泛泛而談，結合《宋史》和《東都事略》的兩種《侯蒙傳》中侯蒙上書論招安宋江以討方臘得到天子嘉獎並「轉知東平府」的記載來看，當時宋江的根據地應當就在東平府內。而著名的梁山泊即位於東平府壽張縣，可見這一推測與傳說故事是相對應的。另外，侯蒙上書之時，方臘似乎還沒有像後來那樣聲勢壯大，也就是說只是方臘叛亂的初期，距宣和二年十月不會很遠。據《青溪寇軌》，此年十一月時：「京東盜宋江等出青、齊、濟、濮間。」

而東平府正好位於上引四州的中央位置[10]。其次關於宋江的記載，則見前文所引「淮南盜宋江犯淮陽軍」云云，可知宋江等人曾在某段時間內專門在淮南地區進行劫掠。之後的宋江再次回到京東路，又北上河北路，並將之作為根據地暫為盤踞。因此得到了「河北劇賊」的稱號。之後，他們又回過頭第三次經過京東路，以入侵淮南路的楚州和海州。到了此時，以《宋史‧張叔夜傳》的立場來看，自然成了所謂的「宋江起河朔」。最後，在海州為知州張叔夜所大敗的宋江狼狽出降。此後，這位宋江 (C) 便消失在了歷史中[11]。

讓我們暫時忽略宋江 (C) 的存在，來考察「宋江 (A) = 宋江 (B)」這一等式的具體成立時間。如前所述，諸種史料雖未明言，

然而細讀之下便可發現這樣暗示讀者的，首先是《皇宋十朝綱要》一書。此書既於宣和元年十二月下書「詔招撫山東賊宋江」，並在主要記錄方臘之亂的宣和三年二月下插入此月招降宋江的記載，最後於宣和三年六月討伐方臘殘黨之役中記下了其中一名將領宋江的名字。如此一來，便將宋江投降的日期故意提前到討伐方臘期間了。此書作者李埴為光宗（1189—1194 年在位）時期的進士，活動時期在南宋中期。那麼，可能就是在此期間，兩個宋江逐漸開始混同亦未可知。然而此種史學上的暗示遠非決定性，這個等式的真正補完，其實是經小說家之手的。

現存諸種與水滸故事相關的元曲中，並沒有宋江等人討伐方臘的故事。這一故事實是始自一般被歸為小說的《宣和遺事》一書。不過，這本小說的來源向來不明，以為成於宋代的舊說頗不可靠。而該書所說，又與今本《水滸傳》有一個巨大的區別。該書中的宋江並非義賊，在一開始乃是與方臘性質相同的大盜：「又宋江等犯京西、河北等州，劫掠子女金帛，殺人甚眾。」只是在最後才敘述：「宋江和那三十六人歸順宋朝，各受武功大夫誥敕，分注諸路巡檢使去也。因此三路之寇，悉得平定。後遣宋江收方臘有功，封節度使。」而且此處的宋江是離開了舊部下三十六人單獨參加方臘討伐軍的。可知所謂的「宋江故事」比起現今的百回本小說，還是要遜色很多的。而後者，其實更應被視為一種徹底的個人創作。

宋江年表

	宋江 (A) = 宋江 (C)	宋江 (B)
宣和元年	十二月，山東盜宋江初見（《十朝綱要》）。	
宣和二年		十月，方臘叛於睦州。
	十一月間，宋江 (A) 出入青、齊、濟、濮間（《青溪寇軌》）。	
宣和三年		正月，童貫受命討伐方臘。宋江 (B) 從軍（《北盟會編》）。
		正月二十一日，童貫軍至鎮江（《續長編紀事本末》）。
	二月十五日，宋江 (A) 自淮南入淮陽軍，遭到官軍討伐（《宋史》）。	
		四月二十六日，擒方臘，宋江 (B) 立功（《續長編紀事本末》）。
	五月三日，宋江 (A、C) 自河北經京東入海州後，敗於張叔夜後投降（《宋史》、《東都事略》、范圭〈折可存墓誌銘〉）。	
		六月九日，宋江 (B) 破方臘殘黨於上苑洞（《十朝綱要》）。

本稿與近期將在法國刊行的追悼紀念已故 Balazs 教授之宋史論文集中所收拙稿 "Y a-t-il eu Deux Sung Chiang？" 一文的內容大致相同。即便二文在細節上有所差異，也是因為後者在起草之初為了方便法語翻譯的緣故。（1966 年 7 月於德國波鴻）

昭和四十一年（1966 年）十一月四日，我在第十六屆東方學會全國會員總會上，基於這篇論文做了演講之後，岡崎精郎氏便提醒我，《台灣大學文史哲學報》第二期上收有牟潤孫〈折可存墓誌銘考證兼論宋江結局〉。這篇論文附載了該墓誌的照片，令我得知折可存乃是折可求之弟。在此容我表示對岡崎氏的感激之情。另外，牟氏的結論，以我此文的表達，應該是屬於 "A=B=C" 的形式的。不過牟氏所搜集的史料要遠較《起義史料彙編》來得豐富。（昭和四十一年十二月二十日）

1　編者按：本章原題〈宋江是兩個人嗎？〉，小節序號為原文所有，小標題為編者所加。

2　譯者按：作者此處引《宣和遺事》，略去「宋江和那三十六人」前的主語張叔夜和謂語「說得」。原文此段大意為張叔夜說得宋江等人歸順，又遣之破方臘，並以此封為節度使。作者如此節引，則最後「封節度使」者成了宋江，而非《宣和遺事》原文所指的張叔夜。

3　《宋代三次農民起義史料彙編》一書雖然使用便利，卻並不能當作學術書來讀。對我來說，此書最大的價值便是其中所介紹的范圭〈折可存墓誌銘〉，可是書中實未載墓誌全文而只是摘錄了一部分而已。如此重要的史料，本該在過錄全文的同時，詳考墓主家世及撰者身份才是。不過，另一方面，此書卻不厭其煩地長篇引用明人所修《宋史紀事本末》中的記載，頗讓人因不能理解其意圖而苦惱。這一類情況下，本該採用《續宋編年資治通鑑》才對。

4   所謂的「將」，其實是熙寧間創設的一種兵制。見宋史卷一八八《兵志》:「凡諸路將，各置副一人。東南兵三千人以下，唯置副將。凡副將皆選內殿崇班以上、嘗歷戰陣親民者先，且詔監司奏舉。」

5   《宋會要輯稿》原書此條作「方臘」，無「討」字。

6   討伐方臘的童貫部隊將領，可見於史書者有:譚稹、劉延慶、王稟、郭仲荀、楊惟忠、楊可世、劉鎮、劉光弼、王淵、王渙、辛企宗、辛興宗、辛嗣宗、冀景、黃迪、馬光直、趙明、趙許、宋江等。其中王淵的部下韓世忠，以生擒方臘而功勳卓著。此外，尚有史珪、張思正、關弼、姚平仲、梁昂、劉光世等將率領的其他部隊。

7   《續資治通鑑長編紀事本末》所載童貫任江浙淮南等路宣撫使的時間是宣和三年正月七日癸卯，這個日期應該是正確的。而前一年十二月二十一日丁亥這一天，據同書所載，實際上是譚稹和王稟受命討伐方臘的時間，他書恐怕正是涉此而誤，錯將童貫的受命隨譚、王二人繫於十二月了。而《宋會要輯稿》和《東都事略》也沿襲了這個錯誤，這似乎也使我們得以藉此觀察到宋代史料可信性的等級。

8   譯者按:中華書局點校本《宋史》宣和三年二月此條，即據《東都事略》與《皇宋十朝綱要》，將「江北」改回「河北」。

9   譯者按:見《東都事略·徽宗本紀》。

10   齊州即濟南府，州治在歷城縣。《宋史》卷八五《地理志》「京東東路」下有「濟南府，上，濟南郡興德軍節度，本濟州。」其中「濟」字乃「齊」字之誤，見殿本卷末考證。

11   在前引《宋代三次農民起義史料彙編》的卷末，列出了一系列近時發表的研究論文目錄，寫作此文時並沒有條件參考這些論文，實屬遺憾。不過，想來《彙編》的編者在編輯該書時應該已經儘可能地參考了這些文獻，因此《彙編》應當可以看作現今中國學界的一種通論。而編者在引用畢沅《續資治通鑑》下的〈考異〉部分之後，又列舉了《長編紀事本末》和《十朝綱要》中關於宋江的記載，並謂:「是宋江之討方臘固有明證。」即持我所謂宋江（A）與宋江（B）為同一人物的看法，而這恐怕也就是中國當代學界的通論吧。

11 | 藍鼎元：循吏代表人

一 面聖

今天的雍正帝，從一早開始便有些焦躁不安了。[1]

廣東省潮州府所屬的潮陽縣年穀不登已有數歲，人民本已深陷饑饉，再加上地震，無疑使人民更為絕望，會發生甚麼誰也不知道，而他也正是因此才不安起來的。此前，朝廷曾數度根據該地的報告，從若干能力出色的青年官僚中擢拔最富有政治手腕之人，派往該地以充知縣，本希望他們會盡心盡力地收拾局面，然而這些人最終竟無一不以失敗告終，甚至連在那裏待滿一年的都沒有。最初的知縣因為貪污遭到檢舉。繼任的知縣則毫無能力，連租稅預定額的兩成都徵收不上來，因此被免職。第三位知縣因為手下吏員的罷工，根本不能執行職務，只得主動請辭。第四位知縣貌似巧宦兒郎，也果然在賬簿上動了手腳。從上司事後對賬簿的檢查來看，有財政漏洞的不只這一代知縣，這是代代相傳的惡性傳統，亦可以想見該地官規紊亂之事實。連續將四位知縣從地方召喚入京，以未決

監的身份投入大牢等待調查，正可謂前代未聞的不祥之事。明明已就第五任知縣的人選向吏部尚書提出質詢，可那位尚書卻始終未能決定。而今天，正是尚書決定人選期限的最後一天。

隨着吏部尚書前來覲見的報告聲，近侍宦官將手上巨大的紫檀木盤子高高地捧了進來，盤子上並列着三枚綠頭籤。所謂的「綠頭籤」，是一種塗着黑漆的木牌，僅僅在木牌的頂端塗成綠色。三枚綠頭籤的表面分別用白色顏料書有三位候選人的姓名。宦官將綠頭籤放在桌上之後立即起身離開，其間還不忘向正好進門的內務大臣兼吏部尚書敬禮致意。

雍正帝翻開三枚綠頭籤中最右邊那枚，讀出了上面的名字：

「王峻 —— 潮陽縣知縣候補。此人如何？」

「此人清正廉潔。他人之物，絲毫不取，一旦確信，絕不妥協。實此際最適當之人選，故列為候補者之首。」

說完這些話，吏部尚書垂下了頭。

「看來是個清官。清官呢……昔人謂清官遠較贓官為甚，此意卿可知否？」

「臣不知。」

吏部尚書低着頭。此時最讓他難受的，恐怕就是皇帝盯着他的眼神了吧。

「所謂清官，即是心中無一點愧疚者。為官之時如此自信，必致大害。而所謂疾惡如仇者，於天下太平時尚可稱道。然而人民一旦遭逢流離，必會不惜性命而犯法。斯時若仍恪守條律，必將陷民於水火之間。而若碰上贓官，則人民尚可憑藉賄賂免責，最終得救。卿所説的清官，最終一定會造就當地之人浮於事。所以今日

必不能加以任用。不過此人尚有其他用處，可以其人補大學士的欠員。」

「陛下深思熟慮，實非臣等所及。」

吏部尚書深深低下了頭。雍正帝拿起了中間的那枚綠頭簽，看着吏部尚書的臉繼續發問：

「王無黨，又是何人？」

「此人頗有臨機應變之才、剛毅果斷之性。凡事皆積極以對，絕無不可行之事。」

「卿恐還是有所不知。今天所任命者非是將軍，而是救民於水火之人。所謂赤子之心，反而會使百姓有疲弊之苦。此地既積貧積弱已久，碰上積極行事的長官，又必會有百姓逃亡之禍，使該縣成為知縣一人之縣。此人用作軍旅尚可，卻絕不可任以行政。自古以來，未有將軍治國而成功者，即便一時之間未有大難，仍會埋下他日禍根。」

「陛下深思熟慮，實非臣等所及。」

吏部尚書再次深深埋首。而雍正帝則拾起了最後一枚綠頭簽。

「藍鼎元？」

「一言以蔽之，乃是知道輕重之人……」

吏部尚書尚未說完，就被雍正帝打斷了：

「那便是了。宣此人。」

為宦官帶入室內的藍鼎元在皇帝面前深深行禮。皇帝隨即命他抬頭，以觀其相貌，只見此人大約四十七八歲，粗重的眉毛和凌厲的眼神使他的相貌具有一種無敵的氣勢。然而這種無敵卻並非傲慢所致，實是其內心所滿溢的自信之體現。

「潮陽一地，連年天災，生靈塗炭。卿可有身為知縣救民於水火之決心？」

「恕臣直言，所謂天災，多是藉口。而天災亦遠不及人禍之為甚。」

「說得好。愚者每每歸咎於天，不過以逃其責。然則卿既為知縣，可知何事為首？」

「捕盜賊，退惡夫。」

「然則又有何策以治民？」

「以臣愚見所及，百姓之智慧，實有出吾等意料以外者。以民之慎重，往往有將十年，乃至二十年後之天災歉收先行考慮規劃，而後方始耕作。碰上一種災害，亦必可在另一方面有所補償。如遇旱情，則放棄高地而在低地勞作，仍可豐收。這般因地制宜地調和，即可保證其生業不斷。不過實際說來，除天災以外，尚有諸多人事阻礙。有誇大災情以哄抬米價者，亦有以天災為口實逃避租稅而將之轉嫁於貧農者。此等惡事之所以橫行無阻，無非是因為向官員左右繳納賄賂而已。盜賊亦得以憑藉賄賂而安然出獄。臣所謂的盜賊惡夫，更大多為金主和投機者所豢養。身為縣官，於太平時日尚需全力退治，更無論遭逢災害之時矣。」

「卿所言甚是。然則卿究竟能按卿所言辦事否？」

「此事實難。自古以來，尚有為害甚於臣所言之惡夫者，便是利口善辯之徒。此輩一旦具有財力，便能以己之所欲，引導地方之輿論。上級官員卻往往誤將此輩之語當作實情，無從判斷地方上的實相如何。為生民計，臣固然粉身碎骨，在所不惜。而在此同時，仍需要上級的信任方可。若是因流言而畏首畏尾，則此事絕難。」

「所言甚是，所言甚是。朕立即派卿赴潮陽知縣任。令卿一年以內便宜行事，上官不得干預。卿自可按剛才所言施政。」

雍正帝漸漸有了些興致。在藍鼎元退下之後，又繼續單獨向吏部尚書指示：

「儘快發出藍鼎元的任命。並嚴命其上官：一年以內，無論潮陽縣發生何等之事，都不得干涉。唯有朕可以將之罷免。」

就這樣，藍鼎元被任命為了潮陽縣縣令。當晚，吏部尚書在其宅邸舉行酒宴，款待同僚。

「這事兒真是辦得高明！」

「是，是。果真這等高明！」

兩人大笑，乾杯。

「若是上面沒在最後選中此人，那可就不好了吧。」

「是，是。那還真是不好了。」

「不過這樣窺測上意，怕不是長久之計。」

「確實如此。姑且就到這次為止吧。」

兩人又一次乾杯。

「不過，藍鼎元真能成得了事嗎？」

「無須擔心。此人高明得很。」

「此人政績，直接與我等相關，若是失敗……」

這位官員一邊說，一邊用手指了指自己的脖子。

「無須掛懷，無須掛懷！藍鼎元的手段可真的是高明，高明得很哪。來來來，為他的前途，乾杯！」

兩人繼續碰杯。

而在同時，雍正帝此刻正身處宮中幽深的斗室，於明滅不定的

燈火下一心不亂地用朱筆批改着奏摺。而這奏摺實際上是地方大員遞來的秘密文書，不通過其他大臣和宦官之手直接傳入宮中，每日便有五六十通之多。只有皇帝陛下自己能夠啟封的奏摺，自然也只有皇帝陛下自己才能用朱筆批覆，最後直接還給發信者。每天從晚飯後開始，雍正帝往往要花一整晚的時間專心於此項工作，恐怕算得上是中國歷朝最為勤勉的天子了。

另一方面，從宮中告退的藍鼎元也回到了其位於北京南城的暫住之所，將要赴遠地任縣令的他不得不做些準備。畢竟這次赴任的路程需要從北方穿過大半個中國的遼闊領土來到最南方。不僅需要準備行李，召集旅伴，還需要和其他官員一個個打招呼，向異地的朋友寫信等。而初次前往陌生土地擔任縣令的不安和緊張，也使得他的身體不禁有些顫抖。從此，一縣的重任便被他擔在了肩上。

然而無論是雍正帝還是藍鼎元，二人都沒有意識到，他們亦不過是那個龐大而隱形的官僚羣體中的兩個角色，其中一個扮演着勤勉的天子，而另一個從今天起有必要成為一名合格的知縣。凡是天子，固然都有着天下政治盡在己手的錯覺；新知縣亦會有種承擔了任地人民幸福的自信。所幸，無論錯覺也好自信也罷，這些情感所激發的人的勇氣，都是同樣的。

二　來自潮州的情報

藍鼎元就任知縣的消息既經邸報刊載，他在京城的住處也就自然熱鬧了起來。訪客們紛至沓來，令他不得不委託門房代為接待。一張張陌生的面孔擠在大門口，向來不曾給他好臉色看的放貸人竟也大方地表示，無論他需要多少錢都可以。同鄉士紳、同年進士及

第的僚友也都前來祝賀。而在其中最為麻煩的，恐怕要數接待新任之縣潮陽當地出身的士紳商旅了。此前從未有過任何聯繫的雙方，因為從今以後的利害關係，不得不在短時間內互相試探對方的內心想法。

某日，潮陽縣出身的商人林某前來拜訪藍鼎元。雖說是商人，林某卻到底有些教養，即所謂的儒商，同時亦在當地人望頗高。

「大人不辭勞苦前往敝縣，着實不易。潮陽縣事，從來紊亂如泥沼。因此大人的決心實在令人感佩。若有幫得上忙的地方，請儘管吩咐。」

這樣說話的人有時會提供非常有用的情報，不過大多數情況下，卻只是虛張聲勢用以利用對方罷了。

「政事如流水，到達當地之前還甚麼都不確定呢。」

藍鼎元用一貫的客套話隨口敷衍着。

「到達當地，您說到達當地嗎？」

儒商連續重複了兩次藍鼎元的回答，伴隨着一聲歎息：

「等您到了那兒，可就甚麼都晚了。」

說完這句話的儒商抬頭看着天花板，一言不發。

藍鼎元知道，這位客人恐怕有甚麼重要的事情要商談，便馬上請他進入房間深處的別室。

「政事固然隨時而轉。然則大人以為此去當用《循吏傳》，還是《酷吏傳》？」

客人所提的問題顯然不甚符合其商人的身份。正史中的《循吏傳》彙集了政績斐然的地方官員的傳記，而《酷吏傳》則載有深文峻法，在所任期間掀起腥風血雨的官吏的事跡。

「二者固然有長有短。若有可能，當法《三國志》中的諸葛亮。」

或許是被來客的真摯所打動，藍鼎元說出了自己的本心。以嚴刑峻法整肅亂國之綱紀，這便是諸葛亮治蜀的政策。

「大人之言深得我意。如此則天賜一好官與吾縣矣。請讓我代表故鄉的人民對您表示感謝。年來所憂，今日終得釋懷。」

客人一邊說，一邊從懷中取出一個信封。

「此物或許會有些用處。不過請大人秘為收藏。非徒關係到大人的仕途，亦關係到小人的身家性命。請大人萬勿讓他人看到。」

來客告辭之後，藍鼎元打開了信封。這是一紙名單，按順序列有數十個陌生姓名和諢名：金剛、天王、羅剎……就好像是梁山泊的豪傑一般。藍鼎元取出自己的秘密手賬，將這份名單以小字細楷抄錄完畢之後，馬上把原紙投入了火盆中。

第二天，又有一位潮陽縣出身的監生蔡某前來拜訪。乍看之下，此人才氣外露、儀表不凡。然而所謂監生，其實不過是出錢買了太學生資格，而實無學問之人，這些人大多深知各種人事政治，憑藉利口周旋於各種勢力之間。這位蔡某擺出一副好整以暇的樣子，或是向藍鼎元獻計，抑或是忽發感慨，說出了這麼一番話來：

「所謂官場，委實不可思議。此種官員之社交場自宋以後持續到了今日。其中自然有些不可成文之習慣。這些習慣，在不習慣的人看來，當然是一種嗤之以鼻的習氣。然而無論善惡與否，習慣所形成的卻是一股巨大的力量。宋以後，朝代屢換，而這官場以及官場的所謂習氣卻不曾有所改變。順之則昌，逆之則亡。諸多青年視之若仇讎，欲更之而後快，最終又無不以失敗收場。王安石便是其中之一。小人對閣下欲如何治理吾縣並無所知，不過在此有一言

相贈。」

「古來官場，一言以蔽之，即是『救舊不救新』這五字。官員在任內都會犯錯，這絕非因為其人能力之不足與否，大多是其周圍之人的問題。即是讓官員一人承擔整個官場的不合理。當地方官吏去職之後，要發現其在任期間的各種問題並非難事，然而官吏手下的胥吏卻會竭盡所能地為其掩蓋。此之謂『救舊』。反過來說，新任官吏有許多時間和自由去實現自己的手腕和政策，而他更需要做的，其實是勇於將前任的過失攬在自己身上。如此一來，胥吏才不會擔心新官會進行清算。新任官吏的態度會直接影響到周圍小吏，小吏也會慎重地觀察新任官員，對其命令放而任之。此之謂『不救新』。」

「如閣下所知，敝縣潮陽的前四任知縣現均已收監。這固然是他們自身失職所致。然而其中亦必有無奈之處。閣下赴任之後，必會與他們產生利害關係，雖說不可能讓這些前任都無罪出獄，然而還是請閣下儘可能地促使對他們從輕發落。此事絕非僅僅為了這幾位前任着想，也是為閣下謀得了一條後路。官場中的恐懼不在皇帝陛下，亦不在王公大臣，而在某種隱形的輿論。所謂輿論，有時或許會顯得有些不合理，不過另一些時候卻是一種強大的助力。順輿論則昌，逆之則亡。」

「又，閣下異地赴任，於當地風土，必不能無惑。所以還須僱用一名參謀用以助言，有時亦可通過此人交通上官。以小人所知，有范仕化者，深得當地道台大人信任，堪當閣下大任。若是閣下準備僱用此人，請務必盡力差遣之。」

而等到這位客人抽身離去，藍鼎元拿出自己的秘密手賬，果然

在先前林某所呈上的黑名單中發現了范仕化的名字，而這名字上早已被標上了種種符號。藍鼎元隨即又在這個名字上標上了三角形的重點符號。

三 《鹿洲公案》解題

《鹿洲公案》為清代號鹿洲的藍鼎元所撰。所謂「公案」，指的是訴訟的意思。此書記錄了作者擔任廣東省潮陽縣知縣期間的一些民事和刑事訴訟事件。

藍鼎元，字玉霖，一字任庵，福建漳浦人。生於康熙十九年（1680 年），歿於雍正十一年（1733 年）。其家自祖父藍繼善中舉人之後成為讀書世家，不過其父王斌卻以生員的身份在年僅三十二歲時即去世。其時藍鼎元年僅十歲，此後自然頗為生計所苦。所幸，他自幼便暗誦四書五經，很是聰明。因此他也受到了族人的期許和援助。藍鼎元二十四歲時，以優秀的成績通過童試，獲生員及第的出身。當時他的祖父母雖已年高而依然見存。此後的藍鼎元歸鄉讀書，漸漸因其學問文章而為世所知。

而等到他四十二歲之時，故鄉對岸的台灣發生了由朱一貴所領導的起義。當時，藍鼎元的同族藍廷珍被任命為「平定叛亂」的總指揮官，進而將鼎元招至軍中，負責參謀、制訂作戰計劃，又執掌文書、寫作檄文。也正是憑藉這份資歷，等到「叛亂平定」之後，藍鼎元獲得了貢生的資格，從地方縣學直接被選入了北京的太學。時逢新天子初登大寶，正是雍正元年（1723 年），藍鼎元四十四歲。

當時的朝廷正開始《大清一統誌》的修纂，藍鼎元也理所當然地參加了這個項目。如此三年之後，或許是出於慰勞藍鼎元的原

因，他在四十八歲之時被派往地方上擔任知縣。最初他所赴任的是廣東省潮州府所屬普寧縣縣令，而在一個月之後又轉任鄰縣潮陽縣的代理知縣。在擔任知縣的兩年間，藍鼎元政績彪炳，有「名判」之號，而這一時段內他本人的筆記，也就構成了《鹿洲公案》的主要內容。

我以為，就記錄舊中國的實態這一點來說，可以說沒有其他文獻是比這本書還要有趣的了。此書甚至比小說還要有趣。就小說而言，無論甚麼名家所寫就的，終究是一種虛構，這種虛構也必會有一些不自然。雖說虛構本身也是小說的一種魅力，然而在這本《鹿洲公案》中，卻絕無一絲一毫對事實的誇張和改動之跡，出場人物均來自現實，而其所構成的如戲劇一般激烈的衝突，卻又是出乎我所期待的。

不過，在某種程度上我們應正確閱讀《鹿洲公案》，千萬不要帶有某些偏見。現今一部分學者所奉行的所謂歷史規律，即統治者總是如何如何邪惡、底層人民總是如何如何善良、叛亂總是如何如何使社會進步、騷亂本身對社會的財富也有積極作用等，都屬於我所說的偏見。歷史需要的是儘可能多方面的視角，絕非向一邊而倒。如果從一開始便將鏡頭的位置和方向固定的話，是絕無可能拍攝到真實世界的。

藍鼎元在擔任潮陽縣知縣期間，雖曾得到其直屬上司、潮州府知府胡恂的充分信任，卻與胡的上司、惠潮道道台樓儼產生了矛盾。這種矛盾當然有種種原因，不過就《鹿洲公案》所載的內容公平分析，便可知樓儼是典型的惡劣官僚。此後的樓儼還升至廣東省按察使這一職位，掌管一省的司法。藍鼎元也因為這位按察使的彈

劾而險些被免官。所幸當時的天子雍正帝為政勤勉，用心民生，對地方官僚自有一套監督體系，很快發現了樓儼的問題並反過來將之免職。從此以後，藍鼎元便時來運轉了。

當時的兩廣總督鄂彌達既是滿洲人，又是雍正帝的寵臣。經由此人推薦，藍鼎元得以入京謁見天子，並被破格拔擢為廣州府知府。然而，不幸的是，赴任僅僅一個月之後，藍鼎元便帶着他的未成壯志就此病歿，享年五十四歲。

此前，當藍鼎元考上生員之後，曾出於生計的考慮參加過幾次科舉考試，均以失敗告終。以至於終其一生，他的「學歷」不過是生員和所謂的貢生。不過其學問文章的優異卻早已為世所知，這點也能從他所留下的二十四冊《鹿洲全集》裏得以窺見 —— 其中，《鹿洲公案》也僅佔了兩冊篇幅。由此亦可得知，中國舊時代的科舉制度所拔擢的，大多是毫無實際才幹之人。

藍鼎元的學問，以朱子學派的經學為根底，又特別關注其中的實用部分。其文集中收有不少關於治理台灣之建議的文章。而隨着時間的推移，台灣變得越來越重要，清廷也在光緒十一年（1885年）設立了台灣省，而初代台灣巡撫劉銘傳便將《鹿洲全集》作為其赴任的重要參考書目。這已經是藍鼎元死後150餘年的事情了。

藍鼎元主要活動的清代雍正年間，在歷史上亦有非常重要的意義。事實上，也只有理解了雍正時代的背景，才能完全理解藍鼎元其人。最近，研究雍正時代的風氣就算在我們這樣的外國也十分盛行，而其中執先鞭者 —— 並非我自誇 —— 便是我們京都大學文學部和人文科學研究所。其中，我本人於昭和二十五年（1950年）於岩波新書中刊行了拙著《雍正帝 —— 中國的獨裁君主》，又在我所

主辦的雜誌《東洋史研究》的昭和三十二年、三十三年、三十四年、三十八年，發行過四期〈雍正時代研究特集號〉。若是覺得《鹿洲公案》所載仍不夠詳盡的朋友，儘可參考上述研究。

註釋

1　編者按：原題為〈藍鼎元 (《鹿州公案》發端)〉，小節劃分和第三節標題「《鹿州公案》解題」為原書所有，一、二小節標題為編者所加。

第四編

儒家與文人

12 | 孔子：教育家才是本色

孔子（前 551—前 479 年）作為儒家學派的開創者，和釋迦牟尼、基督耶穌並稱為「世界三聖人」。生於中國春秋末年魯國的他，正逢都市國家向領土國家轉變的關鍵時期。出於新型社會下對人才的新要求，孔子開辦了私塾，培養了許多弟子，而這也成為了中國傳統學問的根源所在。同時，孔子的儒家學派更是影響到了後來戰國時代的其他學派。[1]

一 個人履歷

孔子這尊偶像，歷來被後人穿上了太多衣服，今天的我們所要做的，便是將這些衣服撕去，以便觀察那最原始的偶像本身。而將那些造作的不和諧音排除之後，便可得到這樣一紙大體真實的孔子個人履歷。

孔子名丘，字仲尼，其父叔梁紇，其母顏氏，生於魯國領內的陬邑，出生後不久便失去父親，由母親撫養長大，貧困也是理所當然之事。孔子自幼雖為生活所迫多從鄙事，卻早早立下了追求學問

的志向。當時的所謂學問，和今天占卜師的修行有所類似，需要閱讀文字，認識流傳故事的來源、婚冠喪祭的舉行方法等知識，可以說是一種在各種場合都幫得上忙的雜學。而由於其時的諸侯政治家對人才的渴求，隨着孔子學問的進步，不少有用世之心的人紛紛登門求教，願執弟子之禮。孔子也一度為魯國國君所重用，不過隨後卻帶着弟子們周遊列國，尋求更好的工作機會，他之所以不樂舊土，恐怕也有為魯國國內動盪時政餘波所及的緣故。

晚年的孔子一度擔任過魯定公、哀公的司寇一職，不過所謂「司寇」，卻並非後代的宰相。當時，後代的官僚制度尚未成立，諸侯領主手下的家臣團體的權力逐漸擴張，其中包括了類似家庭教師和書記員的官職，而孔子所擔任的便是這類負責典禮的官職。因此，孔子教給他的弟子的內容，正是以典禮的必要做法——即所謂「禮」——為中心的。當然，孔子並不單單宣揚「禮」的表面，更着力於培養禮的核心——即所謂的「仁」、「信」和「孝」。

概括來講，孔子所講的忠孝之道固然是一種做人的基本義務。實際上，其道德核心卻是「信」——即人與人之間的信賴關係。在孔子所處的時代，古來都市國家的市民生活樣式仍然有所殘存，在這其中，「信」乃是維繫市民之間聯繫的重要紐帶，忠孝不過是其特殊表現形式。孔子為了教導弟子而編纂的教材，包括一些歌曲和習字課本，也就成了後來的《詩經》和《尚書》等，其與弟子的對話錄又被編成了《論語》一書。孔子七十三歲時在弟子環侍之下去世，在他的時代算得上是高壽。

二 史料中的疑問

可以看到，上述孔子的履歷，所誠實反映的不過是當時一位平凡市民的一生。然而，自古以來，在中國的各種記錄中，孔子的諸多傳記在細節上出入不少。看似每一種都可以作為史料使用，其實又往往疑點頗多。

首先是孔子的生年問題。一般而言，學者大多根據《春秋公羊傳》的記載，將其生日定在魯襄公二十一年（前 551 年）十一月庚子。然而在另一本《春秋》的註釋書《春秋穀梁傳》中，孔子生年卻被定在了相差一個月的十月，而《史記‧孔子世家》的記載更是比《公羊傳》晚了整整一年。這其中恐怕還是應該相信《公羊傳》的記載，其他二書則均有誤。因為魯襄公二十一年十月中並無庚子日，而《史記》所記孔子年齡是七十三歲，若按其書的生年推算，則只有七十二歲。事實上，這種生日的歧異現象，可能緣於古代的中國人沒有在生日那天慶祝的習慣吧。

孔子的忌日是魯哀公十六年（前 479 年）四月己丑日。關於這點，《春秋左氏傳》和《史記》的記載一致，並無問題。中國人歷來重視死亡，喪事亦多有鋪張，為了死後的祭祀考慮，自然需要準確記錄忌日。

而之後便是孔子這七十三年的生涯中所發生的事情了。古往今來的傳記家們，往往費盡心力將各種來源不同的孔子故事進行排列比較，最終辛苦作成一篇孔子之傳。而排在這些傳記之首的，便是《史記‧孔子世家》。然而，仔細想來，孔子其實既非政治家，亦非某些領域的專家，簡單羅列這些瑣碎的事跡並不重要。且這種羅

列本身，亦絲毫不能令我們得知關於其人的其他重要之事。對於孔子這樣的人物來說，個體的行動固然有其特定的意義，然而更重要的則是孔子其人在他當時的生存狀況，以及在後代所受到的不同評價。為了探究這樣的問題，我們所需要的是一種嶄新的方法。

關於孔子的史料大致可分成兩大系統。其中之一來自《論語》，以孔子弟子間流傳的孔子言行錄、孔子與弟子的對話錄為中心。這一記錄的來源主要是孔子的弟子，他們的孔子觀也就大致上把孔子反映成了一個偉大的教育家。同時，也正因為此書源自孔門弟子，其準確性亦當甚高。不過，由於此書在後世流傳過程中被混入了一些不和諧音，使得其內容有些淆亂。

還有一大系統則來自《史記·孔子世家》，著者司馬遷乃是漢初之人，以史料的採集、取捨和編次著稱。而這篇《孔子世家》的史源，也包括了司馬遷所見的《論語》、《春秋》三傳、諸子百家語等。所以我們今日讀來，頗覺其內容之駁雜，實有甚於《論語》。其中更明顯有兩條記事不屬於孔子所為，在此不得不略為辨析。

其一乃是夾谷之會一段，記載了魯定公和齊景公在國境線附近的夾谷相會之事。在此條中，孔子被描寫為「攝相事」的魯國重臣。齊國為了捉弄魯定公，特地在應「奏宮中之樂」的時候令「倡優侏儒為戲而前」。孔子見此，立即上前，對齊景公說：「匹夫而營惑諸侯者，罪當誅！請命有司！」於是便讓魯國一方的武士強行將倡優當場處刑，身首異處。這位倡優小丑無非只是遵循主人的意見行動，本身並無任何罪孽。對這樣的人加以極刑，普通人猶有不忍，實在無法想像這是孔子會做得出的事情。

《史記》的此段記述，實際上遵從的是《春秋穀梁傳》的記載。

而《左氏傳》卻僅僅記載了孔子參與夾谷之會而未提及倡優之事。甚至在《公羊傳》中，夾谷之會這一事件本身根本完全不曾提及。《春秋》三傳的這種彼此歧異的現象，應當引起我們的注意。我們在此姑且承認《穀梁傳》和《左氏傳》的共同記載，即孔子攝相位而與定公一起參加了夾谷之會，而將《穀梁傳》的殺害倡優一事當作不可靠的傳聞異辭，或許是較為合適的。然而，《公羊傳》既未曾記載孔子和這場夾谷之會，那麼也存在着《穀梁》、《左氏》兩傳捏造出整個齊魯之會的可能性。畢竟，作為三傳中政治色彩最強的《公羊傳》而未提及孔子參與的政治事件，本身也有些不可思議。

《史記》中記載的關於孔子的另一段逸聞則是少正卯事件。其謂孔子得到魯定公的重用，「由大司寇行攝相事」之後，立即「誅魯大夫亂政者少正卯」。雖說《史記》或是根據《荀子》的記載直書，可是這件事看上去卻怎麼也不像是孔子會做得出的。或許是因為《史記》的作者司馬遷對於這些傳聞深信不疑，在他所寫的傳記中才會產生上述與孔子整體形象不可調和的敘述吧。

而與《史記》中完全不同的孔子形象，則出自根本性史料《論語》。《論語》中的孔子，完全不是一位果敢的行動派政治家，而是一位不忍殺死小蟲的教育家。當然，《論語》中既未有夾谷之會，也沒有少正卯事件。該書所採用的立場，亦並非是通過各種事件拼湊出孔子的形象，而是先有了一幅理想的孔子像，再進行記錄的。因此，在《論語》所記錄的各種騷亂、衝突中，孔子總是站在被害者一側，以和平和忍耐為手段。而這種態度也正呼應了其政治理論。

魯國的家臣季孫肥向孔子詢問政事道：「如殺無道，以就有道，何如？」孔子的回答卻是：「子為政，焉用殺？」《論語》中的孔子形

象大抵如是。雖然《論語》非成於一人之手，但書中的孔子觀竟然比司馬遷《史記》中的記載更為一致，這點實在令人驚異。

三 歷代的孔子觀

那麼，經由上述考察，我們知道，司馬遷的孔子觀之形成，實是因為一種從戰國到漢初人生觀的變遷所致。在孔子生活的春秋時代，古來的身份階級制度還有所保留，傳統的道德理念亦仍然殘存。孔子所思考的，是如何以新時代的理想重新解釋古老傳統，進而將之脫胎換骨地保存下來。然而，進入戰國以後，古老的制度和觀念都已徹底崩壞，實利和實用的信念得到推崇。在這樣的世界裏，權力無疑是人們最為優先考慮的。孔子學問的流傳也好，孔門弟子對孔子的認識也好，都隨着時代發生了改變。

如果孔子只是一個民間教育家，那麼他絕不值得這個時代的人的尊重。於是，孔子不得不成為一個有能力實現自己所抱持的政治理想並曾經在政治上做出過實際努力的政治家。毫無疑問，儒教徒們也希望自己能夠擁有同樣的才能，並運用這種才能服務當權者，從而立身出仕。就這樣，關於孔子具有政治才能的傳說被創作出來，儒教本身也逐漸政治化，通過接觸權力，在世俗社會中獲得了一定地位。

而儒教獲得世俗上的地位，直接導致了其與其他學派的競爭。比如在秦代（前 221—前 206 年），儒教就被當時的官學法家所強力打壓過。不過到了漢代，儒教的勢力復興，又壓倒了其他學派，最終在武帝時被立為官學，受到了政府的特別保護。而這也正是司馬遷所生活的時代。他的孔子觀，也不能不受當時的風氣之影響。

司馬遷在撰寫孔子傳記時固然側重於其人的政治性。不過，他又根據傳主的世俗地位，將其中所有人物的傳記分為「本紀」、「世家」和「列傳」三類。即：第一階級的帝王進入「本紀」；第二階級的諸侯進入「世家」；第三階級的個人進入「列傳」。而孔子之所以屬於第二階級的世家，並非出自對其人格的尊敬，而是考慮到了其人的社會地位。

按照司馬遷的話來講，「孔子布衣，傳十餘世，學者宗之。自天子王侯，中國言六藝者折中於夫子，可謂至聖矣！」這兩句話，和儒教中將孔子尊為「素王」——即無冕之帝王——的公羊學派相近。在那個功利主義的時代，孔子被認為是繼承了堯舜以來的先王之道，又將之傳與漢王室的有功之人，即一位潛在的天子，而這也就是素王之說的由來。

而後世亦繼承了《史記》中對孔子的評價，將之列為世家，即帝王與庶民二者的中間人物。所以當東漢（25—220 年）初年興立學校而須決定祭祀對象時，孔子又被尊為先師，處於先聖周公之下。周公輔佐文王、武王，踐行了先王之道，而孔子只不過祖述周公，作為政治家來說，是稍遜於後者的。

降至西晉（265—316 年），周公卻把他那儒教聖人的寶座讓給了孔子，從此孔子成了「先聖」，其弟子顏回成了「先師」。這其中恐怕存在着佛教的影響，儒教中的孔子，既然和佛教中的釋迦牟尼地位相仿，那麼接觸了佛教的中國人也就理所當然地將孔子看作儒教的祖師了。不過儒教卻從未放棄過所謂的先王之道，孔子仍然保有其政治家的地位，這種傾向直到唐代（618—907 年）還依然存在。甚至唐代註解《史記》的司馬貞在稱道「闕里生德」的孔子之時，還

特為註出「闕卯誅兩觀，攝相夾谷」[2]，以表示對孔子之決斷的讚賞。

　　不過，到了宋代，上述這種政治化的傾向卻突然出現了逆轉。這大抵也意味着《史記》式孔子觀的崩壞。首先是北宋的王安石，對《史記》將孔子列入世家的行為提出了非難，他以為：「孔子，旅人也，棲棲衰季之世，無尺土之柄，此列之傳宜矣，曷為世家哉？豈以仲尼躬將聖人之資，其教化之盛，烏奕萬世，故為之世家以抗之？又大非極摯之論也。夫仲尼之才，帝王可也，何特公侯哉？仲尼之道，世天下可也，何特世其家哉？處之世家，仲尼之道不從而大；置之列傳，仲尼之道不從而小。」[3] 王安石的這番議論，實際上是對司馬遷那種以政治成就為尺度衡量人物的態度的批判。

　　之後就此問題更進一步討論的則是南宋的朱子。朱子讀《史記》時，因為《論語》中未及一字而懷疑夾谷之會與誅少正卯二事的真實性。事實上，在處理孔子生平時，朱子大多只是將他書記載列為旁證而主要依靠《論語》。他在儒教的經典中，亦最為推崇《論語》，將之與《孟子》、《大學》、《中庸》列為「四書」，加以新註，以便學者誦習。而所謂「記先王之道」的「五經」，則只是次一級的經典罷了。

　　也正是從此時起，孔子的形象開始從政治家變成了教育家。隨着朱子學說成了之後儒教的正統，得到了官方的保護，科舉考試的答案也完全按照朱子學說展開，終於令這一學說風靡一世。教育家孔子的形象也就此確定了下來。在宋以後，歷經元、明而至清代，其形象均沒有非常大的改變。不過需要注意的是，清代所盛行的考證學，雖表面與朱子學為敵，力圖恢復漢代的儒教傳統，不過在孔子形象這一問題上，卻並不贊成《史記》的寫法，而是採取了朱子

的立場。崔述的名著《考信錄》中，既對《史記》中夾谷之會一事抱有疑問，復又斷定誅殺少正卯根本就是子虛烏有。

不過，要是說在宋以後的中國，那種《史記》世家中的孔子形象已經完全消失殆盡，卻也並非如此。實際上，孔子的後代，在歷朝歷代的天子處，仍然是被當成「世家」一般以禮相待的。

孔子當年所活動的魯國，即今天山東省曲阜縣。在戰國末年，魯為楚國所滅（前 255 年），而後楚亦為秦所滅，到了秦漢之後，之前的魯國國君和貴族早已星隕四散，而孔氏一族反而繁榮昌盛了起來。孔子的子孫守孔廟而傳其學，受到了當地人民的擁戴，全國各地的學者也紛紛來此以參拜這儒教的聖地。北宋天子將孔子第四十六代嫡孫封以衍聖公的爵位，之後無論朝代怎樣更迭，孔氏都得以沿襲此號，享受一種朝廷的特殊待遇，就連清朝之後變更國體的民國政府也同樣如此。雖說沒有了爵位，民國政府還是任命孔子第七十七代嫡孫孔德成為孔廟的奉祀官。而曲阜，作為孔氏一族的「首都」，也成了孔氏一族聚居之地。以孔廟為中心，良田美宅，所在多有。在享有儒教學徒的頂禮和歷代政府的庇護的同時，孔氏一族也成了與各路政權關係密切的特權階級，在保存其「世家」特性之外，不免遭人批判。

五四運動之前不久，陳獨秀、胡適等人宣導思想革命、文學革命之際，孔子及其所代表的儒教便已成了新一代思想家的眾矢之的。在當時，儒教即已被冠以「非人道、反社會」的惡名。不過其時的政府卻依然施行擁護儒教的立場。中華人民共和國成立之後，輿論風向又有了一些轉變，最終產生了 1974 年開始的「批林批孔」運動，孔子遂與林彪一起，遭受了更大的非難。該運動宣稱，從階

級鬥爭的立場來看，孔子對其當時逐漸崩壞的中國奴隸制度抱有同情，又極力迎合當時的統治階級，無疑是反動至極的。除此以外，孔門後代無非是累世生活在曲阜的一種土豪劣紳，在政府的保護下對其地附近的勞苦大眾進行慘無人道的剝削。也就是說，這場運動所針對的，不僅是孔門一族延續至今的世家性質，就連《論語》所載的孔子的原初思想亦在批判之列。如此一來，孔子那邊自然也就孤立無援了。當然，在第三者看來，該運動的內在邏輯，尚有諸多不能接受之處。

　　以上的介紹，相較一般對孔子個人生平的敘述來說，更致力於介紹不同時代之人是如何理解、評價孔子的，對孔子這樣的人物來說，這種介紹方式或許更為適合。畢竟，孔子之所以為孔子，並非僅因其自身原因，而更多地需要考慮到古往今來的社會環境——即所謂「時勢」才是。類似情況也同樣發生在其他國家的偉大人物身上。如果說，孔子並未投生於他所處的那個時代，那麼取代他今天地位的，或許是墨子，抑或老子吧。況且孔子的教導和理論並不多，對統治者來說，他無疑是一個便於使用的偶像。而在日本，情況則有所不同。孔子在日本，被統治者利用的情況著實很少，又因為《論語》一書在教育史上的地位很高，故而日本的孔子形象，基本上是根據《論語》建立起來的。正是因為如此，其視角或許更真實一些，而直接根據《論語》來公平地理解、評價孔子，應當以日本人最為客觀，亦未可知。

參考書目

蟹江義丸《孔子研究》（1904 年，金港堂，絕版）一書在傳統的孔子觀上又加上了明治時代的新理解，值得一讀。和辻哲郎《孔子》（1948 年，植村書店）一書則將孔子看成了偉大的教育家，其研究基礎則多根據武內義雄的考證。此後從文獻學角度提出新觀點的著作，有貝塚茂樹的《孔子》（岩波新書，1951 年）、白川靜的《孔子傳》（中公叢書，1972 年，中央公論社）等。關於拙文所探討的內容，可參看宮崎市定〈東洋史上孔子的位置〉（《東洋史研究》第四卷第二號，1926 年，又載《亞洲史研究 I》，1957 年，東洋史研究會）一文。關於歷代孔子觀的變遷，則可參宮崎市定《論語新研究》（1974 年，岩波書店）一書中的第一部「歷史編」。

註釋

1　編者按：原題為「孔子」，小節劃分及小標題為編者所加。

2　譯者按：見司馬貞《史記索隱》於《孔子世家》傳末所附述贊。

3　譯者按：見王安石〈孔子世家議〉，載《臨川王公文集》卷七一。

13 | 朱子：其人其書

一　朱子其人

朱熹字元晦，一字仲晦，號考亭、紫陽、晦庵、晦翁、遯翁、雲谷老人、滄州病叟等，謚文公，學者尊之為朱子。[1]

朱子原籍徽州婺源縣萬年鄉松嚴里，徽州別名為新安郡，故朱子常自稱為新安人。朱氏祖輩不過是當地農家，而到了朱子的父親朱松，終於成為北宋末年的太學生，之後又被派往福建擔任地方官。不久，北宋滅亡，天下大亂，朱松遂歸鄉養親，等到宋高宗定都臨安，東南半片江山得以確保，又被召往中央任職，年四十七而卒。朱子時年十四，往依其父黨劉子羽輪轉於建州崇安縣、建陽縣之間，在其指導下用功讀書。顯然少年朱子所花的精力並未白費，他在十九歲時便成為進士，任泉州萬安縣主簿，踏出了官吏生活的第一步。可以看到，朱子和福建一省的緣分着實不淺，而其學問亦因此多為人稱為「閩學」。

可是，朱子在官場上的履歷卻遠非「花團錦簇」。其實際為官

時間，多被概括為「仕於外者九考，立朝四十日」。[2] 作為地方官的朱子正義感強烈，對地方弊病不忍坐視不理，多上書糾彈，又熱心於為民興利，性急的作風較王安石更甚。也正是因為其頭角過於崢嶸，每每與朝中大臣發生衝突，過於堅持自己的意志，朱子地方官的身份，也並沒有維持很久。

事實上，朱子在地方上，不僅熱心行政，更是一位出色的教育家。其在政務之暇，多聚生徒，講解經書。其在南康軍知事任上時，聽聞轄內廬山的白鹿洞書院荒廢已久，更立即將之整修復興，以作講學。感到身為地方官，難以施展抱負的朱子，也立下了用學問和教育再造社會的大志。這裏的學問和教育，並非通過官學傳授，而是通過振興私學來進行。所謂「私學」，亦非是類似於有固定場所的學校，而指的是私下聚眾講學這樣的行為。所幸在朱子當時，根據所謂的「祠祿」制度，官員即使沒有實際官職，也仍然可以通過擔任「國立」道教廟觀的管理人這一職位，獲取一定的休職津貼。朱子在登第後的五十年間，也大多憑藉這種休職津貼生活。當然，這一津貼並不豐厚，只能恰好保證清貧的朱子可以聚集同樣清貧的學生進行講學和著述罷了。

隨着朱子一派私學的逐漸盛行，世人多將之稱為「道學」，又有反對者稱之為「偽學」。當時正逢天子光宗暗愚無知，政事受制於皇后。宗室趙汝愚和太皇太后的外甥韓侂胄隨即設計，尊光宗為太上皇，並將皇位傳與寧宗。趙汝愚得任宰相之後，很快拔擢朱子為侍講，大量任用其他道學家，不過趙汝愚很快便落入了韓侂胄的陷阱，隨後卒於被流放的配所，朱子也在立朝四十日之後旋被黜退。從此，道學被「欽定」為偽學，禁用偽學之詔令很快宣佈趙汝愚以

下五十九人為偽黨，所著為偽籍，不得任用。這便是所謂的「慶元黨禁」了。而此後不久的慶元六年（1200 年），朱子便在失意中離開了人世。

及至之後的理宗朝，道學再次風靡朝野，被當成了儒教的正統，朱子也被追贈「太師」、「徽國公」等頭銜，得以從祀孔廟。

朱子作為中國近世哲學 —— 宋學的集大成者的同時，也是所謂東洋道德的樹立者。直到近日，無論日本、中國還是朝鮮，若是追溯人們潛意識裏的道德思想，恐怕都會追到朱子學之上。而朱子所作《朱子家禮》一書所確定的冠婚喪祭之儀式，在中國和朝鮮亦得以襲用累世，使朱子學本身成為了一種幾近宗教的存在。在去世之後給世界施加了這麼大影響的人物，在朱子以後的東洋固然不論，就是在西洋大抵也不多見。

二　朱子其書

討論名士的書跡，想來要比討論書家的書跡來得困難。而若是大學者的書跡，則這種困難又會隨其學名成比例地上升很多。所以對朱子這種程度的大學者來說，談論其書跡無疑是難題一椿。況且朱子不單單是偉大的學者，更是能登孔子之堂而入其室的聖賢，過分拔高其書道固然不好，一不小心貶低了更是有損其德。

古人多以為，朱子的字與王安石有所相似。這大概是因為朱子之父朱松非常喜歡王安石的字，秘藏了許多王安石的親筆書跡加以臨摹所造成的影響吧。借用朱松友人的話來說，他乃是「學道於河洛（程明道、程伊川），學文於元祐（蘇東坡），而學書於荊舒（王安石）」[3] 的。如此，在其父書風的感化下，朱子之書有似王安石之風，

想來並非不能接受之事。

不過王安石傳至今日的親筆書跡極為罕見，不能令人知其書風。據後人的形容，似乎是一種極度性急的字，就像是秋天日短，忙於收穫，而不暇與人打招呼一般。想來這評價的對象可能是他的書簡和文稿吧。吾人今日試作一種想像，大抵他作文時妙思沸騰，需要儘快寫下，以防思緒流失。其發想之迅捷，辭藻之豐富，當然也會反映在筆跡的忙亂上。我以為這便是王安石之書給當時人的印象。

然而，據朱子的意見，文字本來應當緩緩書寫才是，這就不由得使我們發起一種疑惑了。在北宋名臣韓琦寫給歐陽修的書帖之後，朱子有如下的題跋：

> 張敬夫嘗言：「平生所見王荊公書，皆如大忙中寫，不知公安得有如許忙事。」此雖戲言，然實切中其病。今觀此卷，因省平日得見韓公書跡，雖與親戚卑幼，亦皆端嚴謹重，略與此同，未嘗一筆作行草勢。蓋其胸中安靜詳密，雍容和豫，故無頃刻忙時，亦無纖芥忙意，與荊公之躁擾急迫正相反也。書簡細事，而於人之德性其相關有如此者。熹於是竊有警焉。（《朱子大全集・文集》卷八四〈跋韓魏公與歐陽文忠公帖〉）

這段跋文頗為有趣。朱子想來是借王安石之字來警示自己的字跡太過「躁擾急迫」，並深賞韓琦為書之「端嚴」吧。這麼說來，朱子雖以為「書簡細事」與「人之德性其相關有如此者」，並宣稱文字不當有「一筆作行草勢」，其實我們卻由此可知，朱子之書，實在是有如「頃刻忙時」所寫就的。的確，當我們親見朱子書跡之時，亦會有一種匆匆忙忙，仿佛在追趕甚麼的錯覺。《論語集註》的殘稿

便是很好的例子。當然，稿本上的字跡凌亂從另一方面來說，也表示他下筆和動腦之迅捷，作為學者，絕非可恥之事。

朱子在學問上極其鄙視王安石，不過這兩個人的性格卻着實有很多共同點，政治上的意見更是基本一致。如果朱子能如王安石一般有機會從容於廟堂之上的話，恐怕也會施行和王安石相同的舉措吧。前人對朱子書跡所下的判語，絕非偶然。

以上我們所討論的是朱子小字稿本，至於大字榜書，其中情況又有所不同。綜合朱子這方面的言論如下：

> 學書莫盛於唐，然人各以其所長自見，而漢、魏之楷法遂廢。入本朝來，名勝相傳，亦不過以唐人為法，至於黃、米，而欹傾側媚、狂怪怒張之勢極矣。[4]

> 本朝如蔡忠惠以前，皆有典則。及至米元章（芾）、黃魯直（庭堅）諸人出來，便不肯恁地。要之，這便是世態衰下，其為人亦然。[5]

由此可知，朱子雖然部分認同黃、米「欹傾側媚」的長處，卻又貶之為變態之書。那麼，朱子自身的大字，又具有怎樣的面貌呢？對此，最需要參考的，便是〈宋故右朝議大夫充徽猷閣待制贈少傅劉公神道碑〉的字跡了。此碑的傳主正是朱子的父黨和恩人劉子羽，於淳熙六年（1179年）由其子劉珙所立，由朱子撰寫碑文並書丹，又由張栻（號南軒，字敬夫）篆額。朱子所書此碑，字含豔態，而又佐以筋骨，的確可以從中想見其性格。正如他所說：「筆力到，則字皆好。」[6]

而除此之外，朱子還有一種大字行書存世。清光緒十九年（1893年），吳大澂得到朱子墨跡之後，曾在湖南嶽麓書院立碑刻

之。此為朱子贈別友人張栻的兩首詩，載於《朱子文集》卷五。而將之與拓本相校，文集本中的「商」字在拓本上作「商」，遵從了當時通行的俗字。當然，其書風並未遵從當時的「欹傾」風格，唯有些顯得過於甜膩。而我在此節特為提到此碑，也是為了表示對吳大澂鑒賞能力的一種敬意。

參考書目

《朱子年譜》
《宋史》卷四二九
《朱子全書》卷六五〈字學〉
秋月胤繼《朱子研究》

註釋

1　譯者按：原題為〈朱子及其書跡〉，小節劃分及標題為編者所加。

2　譯者按：見朱熹弟子黃幹所作〈朱子行狀〉。

3　譯者按：見朱熹〈題荊公帖〉轉引朱松之友鄧志宏語，載《朱子大全集‧文集》卷八二。朱熹原文「河洛」作「河雒」。

4　譯者按：見《朱子大全集‧文集》卷八二〈跋朱喻二公法帖〉。

5　譯者按：見《朱子語類》卷一四〇。

6　譯者按：見《朱子語類》卷一四〇。

14 | 張溥：遙控朝政的鄉紳

一 所謂鄉紳

回顧漫長的中國歷史，我們往往會以為，在專制政體——或者說獨裁政治的威權之下，民眾的選擇便只有屈服和起義兩種，然而事實卻並非如此。在中國歷史上，是的的確確有輿論、政黨、政治運動，甚至是反獨裁鬥爭的存在的。只不過中國古代的這些運動，是以一種和近代西方社會中類似運動完全不同的形態來展開的。且中國政治運動的形態自身，也理所當然地隨着時代的改變而改變。這無非是因為政治運動也需要與其時的社會狀態相對應罷了。而在明代來講，明末的東林、復社等運動，也自然與當時的社會狀態有着密切的關係。這種關係，本身便是歷史學研究的絕佳題目，令人頗感興趣。[1]

而處於上述兩次政治運動的中心的，便是所謂的「鄉紳」。鄉紳，如其字面上的意思，指的是在鄉的縉紳，也就是作為地方上持有一定官位的知識階級，同時又兼顧着大地主或是資本家之身份。

這一階層通過以下三個方面來影響社會：首先是鄉曲上的武斷，表現為對土地上的弱小民眾在權力和財力上的單方面影響，使這些民眾按照他們的意願行動。需要注意的是，鄉紳所為的並不僅限於鎮壓，他們有時還兼任民眾的代理辯護人。其次是對官政的把持，鄉紳憑藉其在地方上的權勢，得以向地方政府的行政施加一定壓力，干涉其施政方針，對其方針表示異議等。就其結果而論，這種行為同樣並不僅限於流毒地方，而是時常會做出一些幫助弱小的俠義之舉。第三，則是更進一步地遙執朝柄，從所居住的遙遠地方直接影響中央政府的施政方針。而如此令人難以置信之事，又是如何完成的呢？其實所謂「遙執朝柄」一語，最初則是專門用在東林黨之顧憲成和復社之張溥身上的。關於東林，明代蔣平階《東林始末》萬曆三十九年（1611 年）五月條載給事中朱一桂、御史徐兆魁奏疏中有「顧憲成講學東林，遙執朝政」之語。而關於張溥，《明史》卷二八八其本傳中載刑部侍郎蔡奕琛在獄中還曾宣稱：「溥遙握朝柄，己罪由溥。」《東林始末》崇禎十四年（1641 年）六月條亦載蔡奕琛之語，謂張溥：「一里居庶常，結黨招權，陰握黜陟之柄。」所謂「里居庶常」，指的便是其鄉紳的身份。[2]

鄉紳在地方上作威作福，對地方政事指手劃腳應該是很容易理解的。不過，他們又是如何干涉朝廷政治的呢？特別是張溥，據稱竟然能通過政治運動，將前大學士周延儒官復原職。若史實果真如傳聞所言，那麼讓這一事件得以順利進行的明末社會機器，又是怎樣運轉的呢？這便是我從很久以前便抱有的疑問，而現在則嘗試用本文來試着自問自答一番。

本文所根據的史料，主要是《中國內亂外禍歷史叢書》所收蔣

平階《東林始末》、吳偉業《復社紀事》、眉史氏（即陸世儀）《復社紀略》等書，以及《崇禎實錄》、《明史》、《明史紀事本末》、《明紀全載》等，其中以《復社紀略》一書引用最多。引用時若是沒有注明出處，則基本都是出自此書。此書大抵以年代排列，檢索起來並不是很難。可惜的是，此書實是未完之作。而所謂《明紀全載》，其實是《歷朝通鑑輯略》中〈明紀〉部分，位於該書卷四十到卷五十五處。該書為朱青岩所撰，卷首有康熙三十五年（1696 年）禮部尚書張英的序文。

二　從東林到復社

關於東林的詳細討論，本文實在無暇涉及，亦非小論的主旨所在。不過，東林黨既然是作為本文論述對象的復社的「先行事件」，又與後者有着非常深遠的關係，在此便不得不在最小限度內對其性質做一番簡短的探究。

首先，東林的起源向來都被認定為萬曆二十一年（1593 年）的京察以及翌年的廷推。京察即京官考察，是中央政府對官吏的一種勤務評定，每六年一次。在那一年的京察中，宰相——即內閣大學士的親信大多僅獲得了很低的等第，引起了騷然物議，使得吏部尚書孫鑨、考功郎中趙南星不得不負起這個責任，繼而被罷免了事。而實際上，大多數學者均以為，這件事的主謀是時任吏部文選郎中的顧憲成，可是罷免顧憲成的命令竟莫名其妙地被取消了。

第二年，朝廷照例舉行廷推。所謂「廷推」即是用以推舉內閣大臣的一種手段，由吏部和朝中三品以上的官員共同評議之後，向天子奏上數位候補者的名單，請求天子裁斷，而其中亦有天子不經

過廷推直接降下特旨任命內閣大臣的情況。該年的廷推人選，因其推薦人為天子所不喜，故吏部尚書遭到了斥責並被罷官，而上疏為尚書陳情的文選郎中顧憲成，則同樣因觸怒天子而被免職。這一事件也就成了東林運動的開場。

顧憲成是蘇州附近的無錫人，當地有宋代楊時所建的東林書院，他便和他的弟弟允成及其他友人一起將東林書院重新修葺了一番，用作講學之所。他們所講之「學」，並非純是經書上的學問，而兼有諷議時政、裁量人物之用，很快受到了天下之人的附和，書院也成了全國在野派的輿論中心。所以說，狹義上的東林黨不過是顧氏兄弟、高攀龍、黃尊素等人。然而廣義上所謂的「東林」，卻是指與上述諸人同調，而與宦官魏忠賢及其黨派進行對抗的廣泛的官僚士大夫羣體。最終，經過一番慘烈的鬥爭，東林黨的主要成員大多於天啟六年（1626 年）為閹黨控制下的政府逮捕處刑，幾乎被一網打盡，幾近潰滅。

中國歷史上的政治鬥爭，與其說是以政策為中心，不如說是以人事為中心的，特別是明代的政治鬥爭更是如此。東林黨便是這一現象的最好的例子。從萬曆二十一、二年的京察、廷推開始，經過萬曆三十九年（1611 年）辛亥的京察，東林黨與其他黨派進行了屢次衝突，其勢力最終得以在天啟初年（1621 年）擴張到頂點。此後，以魏忠賢為首結成的東林黨之反對黨，又開始試圖反擊。這期間黨爭的主題，也就是所謂「三案」，在今人看來甚至不過是無關政策取向的瑣屑之事，而其實際則潛伏着東林派政治家的致命弱點。而最終，在實力的對決中，挾天子自重的魏忠賢取得了壓倒性的優勢，從而擊潰了東林黨。

自古以來，中國的政治哲學，都以為居上位者除了使用並放任有能力者負責具體事務之外不需要做任何事情，所以人事進退自然成了政事的中心問題。這種方式在古代的小規模都市國家中尚有用武之地，不過到了大規模的天下國家——即中國秦漢以後的歷代王朝中，卻只是一種落後於時代的鬥爭罷了。此外，中國的宰相在人事任免上，又往往受制於六部裏最有權勢的吏部尚書之掣肘，這一傳統中潛伏着中國政治未能現代化的原因。而上述情況，作為當時一大政治黨派的東林，亦不能例外。

　　關於東林黨所需要注意的第二點，便是其成員作為官僚的所謂精英性質。宦官魏忠賢掌握了絕對權力之後，曾作了一份名簿，羅織了所有反對者的名字，這其中除了去世已久的顧憲成之外，尚有李三才、王圖、趙南星、孫丕揚、鄒元標等重臣。可是，這些人雖身列黨籍，卻大多從未主動結黨。在當時，官員除了與天子保持縱向聯繫之外，是不允許彼此之間存在任何橫向聯繫的，結黨自不必說，就連近似黨派的羣體行動也在嚴禁之列。是以當魏忠賢將他們歸為「黨人」之際，便已經將他們當作罪人了。實際上，東林黨並不存在任何中心人物。所以當敵方首領魏忠賢獲得了天子之信任，得以驅使百官，派出秘密來對付東林黨時，後者竟無任何抵抗之策。

　　在後世看來，東林黨的政治活動，實在不包括任何政治主張，東林黨人不過是帶着一腔悲憤來反對專橫宦官的文人而已。雖說其勇氣和正義感不得不令人心生敬意，但其根底上的空虛，卻是怎麼都掩蓋不了的。事實上，當時冷靜的旁觀者之中，即有一種意見，以為東林黨本身亦有巨大的缺陷，魏忠賢的所謂閹黨固然無論，就算是東林黨，在某種意義上講與前者亦是同罪的。

天啟帝之後的崇禎帝甫一即位，便立即誅殺了魏忠賢及其黨羽崔呈秀。然而，吏科給事中旋即上疏，言「東林餘孽，遍佈長安」，請朝廷派「廠衛嚴緝」。倪元璐亦上疏，稱：「凡攻崔、魏者，比引東林為並案，一則曰邪黨，再則曰邪黨。夫崔、魏而既邪案矣，向之劾忠賢、呈秀者，又邪黨乎？虛中言之，東林……謂之非中行則可，謂之非狂狷則不可。」而為魏忠賢所毀去的書院的復興計劃，亦因為各種原因而擱置了。

不過，真正繼承了東林精神的，卻是我們此文所討論的張溥等人的復社，即所謂「小東林」是也。那麼，這個復社的實相，又是如何呢？

三　張溥的登場

張溥字天如，蘇州府太倉州人，生於萬曆三十年（1602 年），死於崇禎十四年（1641 年）。其父翊之，資歷止於一介太學生。張溥有兄弟九人，因自己為婢出之子的關係，想來自小到大亦沒有受到甚麼來自其他親戚的禮遇。這種家庭背景所形成的某種情結（complex），也對他的性格起到了決定性的影響。從好的方面來講，他自幼發憤勵學，「右手握管處，指掌成繭」[3]；而從壞的方面講，這種情結也必然要對他之後那種熾烈的權力慾、名譽慾負責。

當時，以江南為中心，文人創辦所謂「文社」之風在全國範圍內非常盛行。這種盛行，部分固然是因為朝廷方面對書院的彈壓而造成的一種反彈現象。然而，書院和文社之間，卻又有着一個非常顯著的區別。

作為私立學校的書院創立於五代而流行於兩宋，在明代又因為

陽明學的影響而再次盛行。其主要目的，在於闡明儒教的教義，並激勵學生去躬行道德的實踐。可文社卻如其字面上的意義那般，主要是專門討論文學、磨練作文之才的同志間的集會。而當時的所説的「文章」，除了某些特殊用途之文外，大多指的是為了通過科舉考試而寫的所謂「制藝」。當時的文章名家，亦大多以寫作科舉考試範文並將之傳授應考生為業，且因此被稱為「大藝術家」而獲得大家的尊敬。這種現象看似委實有些不可思議，不過當知識階級最為關心的事情成了科舉之時，對於人生最重要的文章，也自然就是那所謂的制藝了吧。所以，制藝以外的其他文章便是裝點門面的死文章，而制藝則是擁有獨立生命力的活文章。在後世看來，於這種制藝當中追求真正的文藝，當然是緣木求魚。事實上，到了清代之後，科舉相關的學問固然是一種必要，每一位元士子都會在自己的青年時代勉力從之，不過等到及第，便將之拋卻，開始着手真正的學問了。然而對於明代來講，士子及第之後，並沒有如清代考證學那樣值得勞心費神的對象，是以其學問文章亦大多停留在及第之前的狀態。其參加詩文活動的時間，亦限於及第前。

　　張溥在少年時代所努力的學問，亦不出上述範圍。不過即便是為科舉而寫的文章，若要別出心裁，卻是需要花費一番苦心的。為了廣泛地攝取知識，不得不讀破「經史子集」四大部類。在這其中，最重要的則是如何選擇的問題。以當時蘇州為中心的學界，在祝允明提倡的古學復興運動影響下，張溥主張在經部直接閱讀古代註疏；史部則不讀《通鑑綱目》而是直接用《十七史》，不得已時才取各種紀事本末以補足；至於文體，更是由唐宋而上溯漢魏六朝。而在古文上曾經指導過張溥的，則是鎮江的周介生（鐘）。

當時以制藝聞名、同為江西撫州出身的四大名家分別是陳際泰（大士）、艾南英（千子）、章世純（大力）、羅萬藻（文止），被合稱為「陳艾章羅」。然而，如此以文章聞名之人，本應該就此在科舉中獵得高第才是，可四人中的艾、章、羅三人不過是鄉試及第的舉人，而陳際泰更是鄉試都未能通過的一介生員。所謂的科舉，並不只是考核學力和文才，而更是偶然的風雲際會，這想來正是古往今來的不變準則吧。陳際泰其人，在曾向他學習文章之道的學生紛紛及第成為高官之後的崇禎七年甲戌（1634 年）會試中，終於憑藉考官文震孟之力得以及第，繼而在隨後的殿試中成為進士，其時他已年屆六十有八了。

而張溥以兄事之的周介生，亦曾為這種不第的命運所玩弄。這位早熟的秀才角卯之年已學富五車，幼童之時又號稱讀破萬卷。他在文章上提倡新體，又組織了應社，吸納了陳子龍、夏允彝、吳昌時、楊廷樞等人，翕然風靡於天下，使得往昔陳際泰的追隨者們都改換門庭，投入了這個應社。不過介生本人進士及第的時間，卻要等到明代滅亡的前一年，即崇禎十六年（1643 年）了。

張溥的前半生，看起來也和上述這兩位人物類似。他不僅以博學著稱，而且「詩文敏捷，四方徵索者，不起草，對客揮毫，俄頃立就，以故名高一時」[4]。又與同鄉六歲年長於己的張采（受洗）意氣相合，並稱為「婁東二張」。

我們並不清楚張溥經過了幾次童子試才成為及第的生員，可他在鄉試中屢戰屢敗卻是事實。一直等到崇禎元年（1628 年），為了慶賀新天子即位，朝廷下詔，選天下學校生員中優秀者進入國子監成為恩貢生之時，二十七歲的張溥「才」通過太倉州學被選入

都。這實在有些可疑。蓋向來選為貢生的，大多是老年生員，以張溥二十七歲的年紀來講，無疑有些太過年輕了。在這點上，我以為張溥的實際年齡，是要比史料所記載的年長了十歲左右。這一推測的理由，除了拔貢一事之外，按史料所載，前文所述的張采應當比張溥年長六歲，然而從兩人的交往來看，張溥卻絲毫沒有表現出較張采年幼的跡象。另一方面，吳偉業（梅村）號稱張溥的門人，可按照史載張溥的年紀，二人之間僅僅差了七歲而已。而且張溥的著作號有數百卷，又號有三千餘卷，雖說其中大部分乃是編纂而非親撰，但以四十而亡的年紀來說，也實在太多了一點。[5]

張溥在拔貢入都成為太學生之後，又在考試中獲得高等，不但結交了諸同輩貢生，還得到了各種名流碩儒，以及因魏忠賢失勢而被傳喚至京城與崇禎新政的官員的折節訂交，乃至每日流連於各種宴會，名滿京師。如果說這些記載都是事實的話，那麼我們便不得不懷疑，這種老練的做派是否出自一個二十七歲的白面書生之手。

張溥在北京主唱的文會，即所謂「成均大會」。這種文會與今天日本的詩會非常相像，出席者帶着各自的作品互相評騭，之後又將之編為文集，以廣流傳。

到了隨後的崇禎二年（1629 年），蘇州吳江縣縣令熊開元（魚山）又將張溥迎入縣界，縣內富豪吳氏、沈氏子弟亦爭相拜其為師，從而舉辦了以張溥為盟主的尹山大會。附近的名士也紛紛集於一堂，可謂一場盛會，使張溥之聲名水漲船高，湖北、安徽、河南、浙東等地的士子亦遠道前來拜訪，陝西、山西、福建、廣東等更遠之地，則傳來各種文書，表示祝賀和請教。

崇禎三年庚午（1630 年）是三年一度的鄉試之年，南直隸一地

的生員為此聚集在南京貢院，展開了激烈的競爭。而以張溥為首的復社生員，亦大多在此次鄉試中及第。張溥也藉此機會舉辦了所謂的金陵大會。

四　復社的活動及其基礎

崇禎四年辛未（1631 年）是舉行會試、殿試的年份，新舉人張溥也赴京參加了這些考試，並最終及第。不過，周介生等人主唱的應社也好，張溥舉辦的文會也罷，其實都並不單純是為了討論文章、交朋結友，而是有向當局者示威、施加壓力的意味。而隨着民間各色組織的盛行，和月旦人物文章氣氛的甚囂塵上，當局者自然也不能不將之視作無物。

而在當局，既有頗為這種民間聲勢所困惱者，亦有反過來利用這一新興勢力者。後者通過使博得輿論眷顧的名士通過科舉成為自己的門生，不但贏得了輿論的稱譽，更強化了自己的政治地位。與文社出身的青年政治家為友或為敵，亦直接關係到自己將來政治活動的利害。這也就是朝廷大臣大多迎合文社之輿論的原因了。

當時朝廷的首席內閣大學士是周延儒，而次席則是溫體仁。由於會試舉行於天子腳下之重要性，多由內閣大學士出任主考，而首輔大臣既少閒暇，通例多由次輔主考。可是崇禎四年，周延儒為了招攬士子入其門下，不顧溫體仁的反對，親自出任了會試主考官。他命令手下其他考官，特為留心張溥等名士。本來，所有的試卷都必須糊名批改，而且又經過一道謄錄的手續，不可能通過筆跡辨認出所要拔擢的士子。如此一來，唯一的線索便是文章本身了。張溥的文章汪洋恣肆，考官仔細辨認的話，還是能發現很多屬於他個人

的痕跡，就算不能確定到張溥個人，還能將風格相似的所有這類考卷全部判為上等。正是因為這個原因，最終成為此年會試會元的吳偉業雖是張溥的門生，其成績反而比後者來得高。不過不管怎樣，張溥也總算是成功及第了。而及第的其他名士，尚有夏曰瑚、管正傳、周之夔等，也使座主周延儒成了新銳政治家的領袖。

話說回來，上述的這種情況，在後來的清代卻是行不通的。因為清代的主考之權威甚重，需要士子揣摩主考的學問文風，並努力模仿，而不是如明代那樣，由主考反過來根據士子的文風推斷，錄取那些名士。事實上，這種風氣並非從周延儒開始，早在東林諸人當道的年代就已經存在了。比如黃煜《碧血錄》所收魏大中《魏廓園先生自譜》萬曆三十一年（1603年）、二十九歲一條曰：「時競者日奔走名紳之門自鬻，名紳亦復假文字以收名生……（我）心醜之，故……鄉試不售。」

一旦通過了會試，原則上在接下去的殿試中就不會再出現落第的情況，也就能夠順利地成為進士了。而這殿試所關乎的，卻還有士子間的名次問題，如吳偉業便因為成績拔羣而成為了第二名榜眼，而張溥也因為名次較高，得以出任翰林院的庶吉士。所謂「庶吉士」，即翰林院的一種見習生，而張溥在出任此職期間，卻因為他那理所當然的自信而顯露出一種實在說不上恭順的態度。特別因為是與內閣大學士溫體仁之間的衝突，使得他在進士及第後第二年，便以喪親為由請假歸鄉，從此再無復出之志，過上了字面意義上的鄉紳生活。

崇禎六年癸酉（1633年）之春，張溥第四次主辦了名為虎丘大會的文會。當時，除了以周介生為領袖的應社之外，其他知名的結

社尚有江北的匡社、松江的幾社、浙西的莊社等，張溥糾集了這些文社，將之歸併組成一個統一的巨大文社運動。在此次大會之前，就已經「傳單四出」。「至日，山左、江右、晉、楚、閩、浙以舟車至者數千餘人。（虎丘山雲岩寺之）大雄寶殿不能容，生公台、千人石鱗次佈席皆滿……觀者甚眾，無不詫歎，以為三百年來，從未一有此也。」[6] 也正是在這次集會上，這個整合了舊有文社的新社被定名為「復社」，其中正帶有復興古學的意味。同時，社規也得以成立，其中有「毋巧言亂政，毋幹進辱身」這樣一條。如其字面意義，指的是不得參與政治、謀求官位。本來，復社的目的似乎無非是單純地鑽研文學之道。然而，其成立的旨趣既在「復興古學」，那麼文學上的研究也自然不能漫無目的，而是只能被規定在某一範圍之內，不得逸出。而所謂推進古學的目的，也就表示，對違反此既定方針者必須加以排除。正是因為如此，復社運動從一開始便不得不走上政治運動的路子。

　　與之前的東林不同，復社成員大多是下層鄉紳和尚未及第的士子，和主要由重臣和中堅官僚構成的東林相比，復社在這點上看似遠遠不如，而實則絕非如此。因為東林既然是由官僚構成，便一定會受到官員不能結黨的法規的限制；與之相對，復社既以研究文章為名，自然可以公開結社並在行動上取得統一。以張溥為盟主的復社，總部設在太倉，又立有四位社長輔佐張溥，在各地府縣亦有當地的社長，還有糾彈、要約、往來、傳置等司負責處罰違反社約者、傳達命令、人事交際、文書傳遞四方面的事務，已經是一個非常龐大的有機體了。

　　虎丘大會之後，張溥又募集了社員的文章，彙編為《國表集》

這部總集，收納了七百多位作者共兩千五百多篇文章，被稱為大明立國以來未有之盛事。

而復社既以討論文章為名，那麼首先需要做的，便是解決社中名家多未科舉及第的問題。事實上，此前的數場大會，都帶有為應考社友應援、對主考官施以無言之壓力的意思，等到復社正式成立之後，這種施壓也愈發露骨起來。眉史氏（陸世儀）《復社紀略》卷二載有如下一樁軼事，可謂是對這種現象最為鮮活的描寫：

> 湛持（文震孟）將赴職時，郡紳飲餞於徐九一（汧）之止水（亭？），天如（張溥）謂湛持曰：「明年（崇禎七年）會試，同考公必壓簾。今海內舉子不愧會元者，惟陳大士（際泰）暨楊維斗（廷樞）二人耳。幸留意。」湛持曰：「天下人讀大士文，取巍科者不知凡幾。而大士久困，吾此番當收之夾袋中。」天如轉語項水心煜曰：「然則維斗乃公責也。」水心亦首肯。天如又言吳巒穉（鐘巒）久為海內師範，此番不可不使之釋褐。兩人唯唯。比入闈，湛持壓簾，覓得大士卷袖，示水心曰：「昔為老社長，今作老門生。」水心狡，欲會元出己房，乃持一卷示湛持曰：「已得維斗卷矣。大士、維斗與吾黨交情無少軒輊。但冠冕天下，與其鄰省（江西），毋寧吾鄉（蘇州）。」湛持乃持卷細閱曰：「誠維斗焉，何得不讓？脫非維斗，奈何？」水心曰：「今場屋中誰能作此等文者？若非維斗，當抉吾眼懸之國門！」湛持見其真懇，遂許之。舊例：會元必讓壓卷，填卷在末後。時主司注視項卷，湛持反為遜謝，出己卷先填而讓項卷冠軍。及拆卷，乃李青也。湛持志甚，然已無如之何矣。煜繆負罪，湛持正色曰：「此舉不惟負大士，並負張天如矣！」湛榜發，鐘巒亦中試。同

簾薛國觀出告體仁，以其《國表（集）》姓氏查對，見中試者多
出復社。

以上僅僅只是復社成員為了使社友及第而進行運動的一個例
子。而隨着這種運動的效果為人周知，天下士子也就自然爭相搶
着要加入復社，其中有財力者更是不惜給復社提供財產上的支援
了，而這也正造就了復社勢力不斷擴張的循環作用。如《復社紀略》
所言：

> 遠近謂士子出天如門者必速售，大江南北爭以為然……復
> 社聲氣遍天下，俱以兩張為宗，四方稱謂不敢以字：天如曰西
> 張，居近西也；於受先曰南張，居近南也……而溥獎進門弟子，
> 亦不遺餘力。每歲、科兩試，有公薦、有轉薦、有獨薦……所
> 以為弟子者爭欲入社，為父兄者亦莫不樂之子弟入社……兩粵
> 貴族子弟與素封家兒，因淳拜居周、張門下者無數。諸人一執
> 贄後，名流自負，趾高氣揚。

需要注意的是，張溥本人亦頗有名士的自覺，不僅時常以孔子
自擬，又將弟子門生擬作孔門之「四配十二哲」，並因此受到了後人
的非議（參《復社紀略》卷四載徐懷丹檄文）。不過上述這些事情，
說到底，可能也還算是屬於復社「文筆活動」的範圍，亦未可知。

當然，隨着聲名漸高，復社的某些活動也開始脫離了這種範
圍。這恐怕也是因為，以張溥為首的復社黨魁們實非穩坐書齋的學
者，而是帶有俗世臭味和巨大權力慾之人的關係吧。將他們所開展
的政治活動一一羅列自是絕無可能，在此我只能做一些簡單的概
括。在現代人看來，這些活動或許只是些微瑣事，可是他們作為鄉
紳而活躍於政治的原因，卻對我們了解明末之世相有着重大的意義。

這其中的首要原因便是動員大眾的能力。此處的「大眾」，卻並非後世所謂的無產階級（Proletarier）。作為一種文化運動，復社的基礎在都市。而都市的構成又非常複雜，不能簡單地以統治者和被統治者截然區分。也正因為其中的貧困階級並未形成後世那種階級性上的自覺，其行動在今日看來，着實有許多不可理解的情況。眉史氏陸世儀《復社紀略》卷四載徐懷丹曾以檄文列舉復社的十宗大罪，其中有兩條，乃謂：「僧道優倡俱入社中，醫卜星相莫非友人……拳勇之徒，不呼而集；大則肆其憤毒，小則開其釁端。」可見復社曾得到過各種階級的幫助，並在各種事務上能對之加以利用。

而檢同書所記的其他實例，下面這椿事件[7]同樣引起了我們的注意。新知太倉州事的劉士斗到任後，常與二張商議當地政事，卻因此招致了署蘇州府事的周之夔的彈劾，並就此被罷免。而「士斗治婁清廉而有惠政，士民惜其去，負石迮疊國門以留，傾國數十萬人為罷市」云云。

此事中的周之夔是福建出身，本來其實也是復社中人，進士及第後得以擔任蘇州府推官，不過當時，他本來精心謀劃的當地鄉試同考官一職，卻經二張的一系列政治運動，突然被更換成了劉士斗。從此周之夔自然深恨士斗與二張，最終趁着擔任臨時知府代理的機會，對士斗進行了彈劾。

二張對此自是激憤無比，極欲追究周之夔之過。而周也因此受到了前輩文震孟等人的責難，不得不深自反省，向上司提出關於自己此前「不正當彈劾」的檢討書。不過對二張來說，這種程度的悔過，顯然不足以消弭其對周的下一步處置。很快，代理知府周之夔在當年崇禎七年（1634 年）的科試中所行不公的傳聞四散，當地生

員騷動不已，「甚至抬城隍神像坐府署詛之；則諸生即非復社中人，亦恨之深也」。之夔一旦步出府學，即受到諸生的圍堵，「之夔慚忿，申文兩台，惟自劾，不敢及諸生，以為首皆權要之子弟故也。因杜門謝職」。上司亦不敢輕舉妄為，遂改任周為吳江縣知縣，欲與復社取得和解。然而，等到周之夔前往吳江赴任之後，生員再次將之圍堵。

而周之夔的辭職和請假申請又因各種原因均被上司駁回，他只得回到蘇州府推官任上，「蒞任匝月，郡中紳士無一投刺見者」。至此，又唯有屢次三番地上疏乞致仕，最終在半年之後成功去職的他，帶着對復社的恨意，草成《復社或問》一編，向世人控訴復社的專橫。其中一節說道：「下至娼優隸卒、無賴雜流，盡收為羽翼。使士子不入社，必不得進身；有司不入社，必不得安位。」[8]

而作為復社最終手段的動員大眾、行使權力，在張溥死後猶有餘風，當北京被攻陷之後，出現了一場針對阮大鋮的反抗運動。對此，杜登春《社事始末》中有如下的記載：

> 甲申三月，聞（北京陷落之）變哭臨，孽（阮大鋮）欲隨班行禮，同社草檄攻之。孽憤，募青手數十自衛，似有侮辱諸生意。徐武靜與張退谷各率東陽、義烏之力士戴宿高等，亦執白棒，行晝日中，見青手即擊逐。孽由是不敢臨，士氣稍振。

可見這種大眾動員力，正是復社運動的最佳武器。

第二個需要注意之點，便是復社的情報傳達能力。這其中情報收集自然無須多言。而復社結成伊始，便在各縣設置社長一人，其職務即是「司往來傳置」，所謂的「傳置」，便是傳達的意思了。

《復社紀略》卷二曾記：「當天如（張溥）之選《國表》也，湖州

孫孟朴淳實司郵置，往來傳送，寒暑無間。凡天如、介生遊蹤所及，淳每為前導，一時有『孫鋪司』之目。」所謂「鋪司」，即執掌官文傳達的官員。孫淳之名不見於復社成立之初的名簿，想來也是憑藉其在這方面的努力才得以入社的。而其所為，既已等同於政府所設立的驛站負責人，那麼「孫鋪司」其實也就是「郵局局長」的意思了。

而當時的民間，其實早就有了如今日郵局一般負責文書傳遞的專門機構，即所謂「報房」者。先前，東林名士楊鏈被逮捕送往北京之際，曾試圖營救他的義士朱祖文曾留下過名為《北行日譜》的記載，其中便記錄了通過北京的報房如何將書信發往蘇州的過程。這種民間的郵政行業既然如此發達，想來本應是一椿面向大眾的營利事業才對，不過復社的所謂傳置，或者說郵置，卻是社長們專用的文書傳達體制。《崇禎實錄》卷一崇禎元年七月乙亥條即有「嚴禁私驛」這樣的記載，前後雖無相關記事以供參照，不過這裏的所嚴禁的「驛」，恐怕即是上文所說的「遞」、「報房」、文社之「傳置」和「郵置」的同義詞。當然，民間如此發達的這些機構本有其存在的必要性，是絕無可能僅憑一紙文書將之禁絕的。另一方面，當時的朝廷發佈此等禁令的原因，卻又是值得我們思考的。

中國自唐宋以來，隨着商品在全國範圍內的愈發流通和貨幣經濟的盛行，對商品經濟來說，最為重要之事便是情報的入手。因為在生產品變為商品的過程中，不得不對全國範圍內的供求關係作一統計，進而決定商品之價格。在這一點上，我個人的想法，自然與那些強調宋元明封建時代的落後性，以為當時中國尚處在區域經濟自給自足狀態下的學者完全相反。根據我的想法，對當時的商業資本家來講，經營所必不可少的便是情報收集，而作為民間情報機構

的報房、郵置等政府所謂「私驛」的情報網也就變得無比發達了。當然，這種情況與政府的利害相衝突，也是理所當然之事了。

明代初年，政府對於必要物資的調配，儘可能採取自然經濟式實物收入的原則。即由農民直接繳納米穀以為田賦，邊地的軍糧物資問題則結合鹽法，由特許鹽商代為繳納穀物，又委託民間代為養育馬匹。然而隨着時代的演進，政府的政策亦有所改變，即將一切財政收入貨幣化，直接令民眾繳納現銀，再以現銀購入物資，可以說是漸為接近了近代的市場經濟。在田賦上直接使用金花銀，在鹽法上罷免了開中法，而民間牧馬事業亦直接使用太僕寺銀。眾所周知，關於這些制度上變遷的研究，近時多有發表。

而政府經濟的現銀化，也就意味着政府本身已限制不了其曾經致力於限制的商業行為了。在政府和商人的交涉中，政府雖然表面上是掌握權力的一方，可實際上卻並非如此。在官僚那一方，因其須以完成物資調配為首要任務，即便價格高出事先政府的規定，花的也不是他個人的錢，本身便不痛不癢。而在商人那一方，其握有關於商品之情報這一點，便已經成為交涉中的最大優勢了。當然政府本身亦設有可供利用的情報系統，不過在無能的官僚和怠慢的胥吏之支配下，仍是抵不過狡獪的商人的。

那麼，有趣的問題來了，上述的政府御用商人的背後，其實就是我們所要研究的鄉紳。鄉紳當然不會直接介入商人和政府的交涉。不過，當商人發現自己在這種交涉中不能佔有優勢之時，便需要以代理、執事之名，託付當地的鄉紳來代表自己的利益，與政府進一步交涉。這實在並非不可思議之事。

在明後期財政極端緊張的情況下，政府在國防和水利等事業上

投入莫大資金而產生的利益，必將吸引大批商人，最後也必將填飽各種鄉紳的肚子。於是，漸漸意識到了這一點的明政府，為了抑制商人的情報收集活動，便發佈了上引「嚴禁私驛」的命令。

在國家衰敗之際，鄉紳階級卻在享受美好的生活，這便是我以為的明末世相。甚至如張溥這般有為之人，亦沒有徜徉官場之心。身為鄉紳本身便意味着財富、權勢和名聲，進入如伏魔殿一般的朝廷也毫無必要。

在明朝漸入末路的崇禎九年（1636 年）四月，武生李璡曾經上奏，請搜括巨室，以助邊餉。根據當時資本家的資產目錄，如此半強制性地「借餉」或許能滿足當時日益高漲的軍需。可是在谷應泰《明史紀事本末》卷七十二「崇禎治亂」條之下，卻記載了大學士錢士升對這一上奏的反對意見：

> 李璡者，乃倡為縉紳豪右報名輸官，欲行手實籍沒之法。此皆衰世亂政，載在史冊，而敢陳於聖人之前，小人之無忌憚，一至於此。其曰縉紳豪右之家，大者千百萬，中者百十萬，其萬計者，不勝枚舉。臣江南人也，以江南論之，數畝以對，大數以百計者十之六七，以千計者十之三四，以萬計者千百中一二。江南如此，他郡可知。且所惡於富者，兼併小民耳。郡邑之有富家，亦貧民衣食之源也。兵荒之故，歸罪富家而籍沒之，此秦始皇所不行於（寡婦）巴清，漢武帝所不行於卜式者也。此議一倡，亡命無賴之徒相率而與富家為難，大亂自此始矣。

這可謂是為資本家辯護的堂堂之論。不過，當時的首席大學士溫體仁卻以為錢士升的意見有沽名釣譽之嫌，逼迫其引咎辭職。而

事實上，當時朝廷的財政狀況也的確到了萬無可為的境地。之後，溫體仁之同黨薛國觀取代溫成為大學士，再次開始鼓吹富豪獻金論，最終卻令自己遭致了被賜死的慘禍。此事可參前引《明史紀事本末》之下文崇禎十四年（1641 年）四月條：

> 上常憂用匱，國觀對以「外則鄉紳，臣等任之，內則戚畹，非出自（天子之）獨斷不可」。因以李武清為言，遂密旨借四十萬金。李氏盡鬻其所有，追比未已。戚畹人人自危，因皇子病，倡為九蓮菩薩之言，云上薄待外戚，行夭折且盡。上大懼。國觀又忤太監王化民，遂敗。

當國觀再次拿出之前李璡的提議之時，遭到了民間的富豪——即鄉紳和外戚的聯合反擊。雖說國觀所言是「借金」而不是「獻金」，可他的真正想法，無非是從坐擁諸多不正當收入的鄉紳，以及憑藉賄賂廣置地產的外戚處徵收其儲蓄罷了。據他所言，從鄉紳那裏徵收錢款一事，可由自己以及屬下諸大臣負責，而之後再從外戚處徵收，則需要天子負起相應的責任來。然而，富豪鄉紳卻偷換了其中的順序，表示天子需自為表率，先從外戚開始徵收。如此一來便成功煽動了外戚對薛國觀的仇恨，並由外戚借宦官之手動搖了國觀的地位，而國觀也就無暇對鄉紳們下手，最後更是如後者所願被賜死了事。可見，從團結一致的強豪鄉紳處徵收錢財，根本就是不可能之事。而以上的事件，亦讓我們明白當時朝廷的財政，已經到了何種窮迫的程度。

與經濟活動類似，情報的收集和傳遞對文化和政治活動亦是十分重要的。對於復社這樣的文社來說，若是沒有定期聯絡與交換情報，那麼便根本談不上文社內部的團結與一旦有難時的緊急應對。

所以各縣的社長亦必須負起責任，頻繁地傳遞情報。這些文書情報，一般來說是在各縣社長手中不斷接力，傳遞而來的，不過緊急狀況之下，亦會利用上文所述的「私驛」——即民間報房來傳遞。

無須多言，文社的情報網可以直接運用在政治活動之中。遠在周介生的應社時代，撫州艾千子曾批判過介生與張溥的文章，又和代周、張二人進行回應的張采產生過論戰。隨着雙方關係的決裂——「於是，三吳社長傳單各邑共絕之」，《復社紀略》如是記載道。而受到「村八分制裁」[9]的艾千子，很快便在蘇州附近待不下去，只得趁夜離開了此地。而周介生和二張的這種應對方式，亦早已超出了文學論戰的範圍。

而在涉及當時官場的政治活動中，慣常的做法正是黨派之間互相揭發敵黨的弱點，使之失足。《復社紀略》卷三曰：

> 罔卿（太僕卿）史前任御史時，參劾異己，恣意傾排門户，欲處之。先巡按淮揚，婪賄甚多。天如（張溥）囑揚郡春元（詹事？）鄭元勳廉之，備得其贓跡，乃以款單達之台省……自此被察，傳旨逮問，下獄追贓。

當時的官僚，在中央政府或許權傾一時，然其過去在地方上之時，大多有些手腳不乾淨，而若是能有效利用這些污點，便能達到對其的有效打擊。如此一來，像復社這樣掌握了廣泛而強大的情報網的團體，也就自然可以對中央的人事進行干涉了。[10]上引《復社紀略》的下文更是有：「乙亥（崇禎八年）京察，張溥雖庶常，得與聞察事。」

我們可以看到，復社是如何憑藉強力的情報網，在四敵環繞之際，對大小官僚施加重大影響的。當張采的同鄉、身為監生的陸

文聲因對張采的仇恨而上疏彈劾復社之後，政府派出調查組前來調查。張溥隨即遣人前往陸文聲之子茂貞處調停。而在《復社紀略》卷四中，則有如下的記載：「茂貞因疾赴京，為文聲述天如 (張溥) 語，文聲默然不答。茂貞曰：『復社黨羽半天下，獨不為子孫計乎？』文聲乃許之。」很明顯，陸茂貞的意思無非是：一旦與復社作對，就很難保證文聲子孫後嗣在官場人事上的順遂了。

而當時的朝中大臣，無論在明在暗，大多都有復社後援的身份。在復社中人的話語裏，這些人被稱為「同志」和「先達」。《復社紀略》卷三曰：

> 其於先達所崇為宗主者，皆宇內名宿。南直則文震孟、姚希孟、顧錫疇、錢謙益、鄭三俊、瞿式耜、侯峒曾、金聲、陳仁錫、吳甡等。兩浙則劉宗周、錢士升、徐石麟、倪元璐、祁彪佳等 (以下略去原文河南、江西、湖廣、山東、陝西、福建和廣東部分) ……諸公職任在外，則代之謀方面；在內，則為之謀爰立。皆陰為之地而不使之知。事後彼人自悟，乃心感之。不假結納，而四海盟心。門牆之所以日廣，呼應之所以日靈，皆由乎此……又復引拔後進，內而中 (書) 行 (人) 評 (事) 博 (士)，外而推知[11]，有名望應考選者，俱力行薦拔。其六部遷轉及台省舉劾，皆得與聞。天如雖以庶常在籍，駿駿負公輔之望云。

可見張溥儼然已是無位之宰相了。而經過我們的這一番考察，便可知道，張溥其人能夠影響朝中大臣的任命，本來就不是甚麼不可思議之事。

五　絕望的時代

　　若是單單考察復社和其他種種文社的活動，很可能會有一種他們身處昇平年代的錯覺。誠然，復社的根據地江南地區在當時或許算得上歌舞昇平，不過一旦我們將目光投向北方的首都北京及其周邊一帶，便不難發現，戰禍蔓延於各省，而朝廷業已陷入重大危機。所謂昇平，不過是絕望的一種表象罷了。

　　在崇禎朝之前的天啟一朝，暗愚的天子熹宗所信任的宦官魏忠賢掌握了朝政，對東林黨諸名士施以嚴酷的彈壓，可謂是一個陰慘的時代，然而不可思議的是，在當時人看來，那並不是一個絕望的時代。而等到頗具明君素質的崇禎帝即位，將魏忠賢一黨剪除流放，令人有中興之感的隨後不久，異樣的感覺卻漸漸浮現了出來。具體來說，自崇禎二年（1629 年）己巳之歲以後，絕望的時代終於來臨了。

　　這一年，清太宗翻越萬里長城，深入內地，直接包圍了北京，雖然最後無功而返，然而這一事件卻是之後所有絕望的開端。為了說明這一點，我們必須從前線督師袁崇煥和崇禎帝的關係說起。

　　袁崇煥（1584—1630 年）本來並非武將，而是萬曆四十七年（1619 年）及第的進士。曾於天啟末年（1627 年）固守山海關前線的寧遠城，擊退了入侵的清兵，從而立下大功。不過，當崇禎帝即位後，袁崇煥屢次在朝政人事上的失宜舉動，卻最終產生了關乎明王朝存亡的影響。他所犯下的第一個錯誤，便是擅殺當時據守位於渤海灣口皮島的毛文龍。當時，毛文龍的勢力固然極速擴張，令上級無法控制。然而袁崇煥殺死毛文龍所引起的直接後果，便是數年

之後，移守山東半島的毛文龍舊部孔有德的叛亂，而他在掃蕩了登州一帶之後，馬上歸降了清朝，同時又將手中的無數大炮、火藥交給了後者。

而聽聞毛文龍被殺之後，清太宗迅速發動了對明朝山海關前線的總攻，又親率一軍繞遠道長驅直入，包圍了北京。崇禎帝大驚之下，下詔天下，召集勤王部隊，而袁崇煥亦親率部隊前往京城，並以此獲得了崇禎帝的嘉獎。可是當袁崇煥前來勤王之際，缺少統帥的山海關前線立即土崩瓦解，遵化、三屯等要塞陷落，將領多有戰死。北京城內亦多將袁的行為視為放棄前線固守之任務，前往京城邀功，其人望亦急速下滑。彼都之人，甚至發出了清兵之所以兵臨城下，是因為袁崇煥暗中配合的非難。

事實上，袁崇煥也的確曾領天子之密旨，開始和清朝商議媾和。是以朝士之間，多有袁故意引清兵入京以脅迫朝廷，或者不可與夷狄和談的風評。而當時的另一件事更加深了這種疑慮，那便是入京勤王的另一位大將滿桂在城外與清軍激戰之際，城頭守軍放炮射箭，竟多將滿桂的部隊誤傷，滿桂全身帶着多處箭傷回城，檢驗之下，發現其身上的箭頭中有屬於袁崇煥部隊者。就此，崇禎帝終於開始懷疑袁崇煥的本心，將之免職投獄。而據傳聞，亦有清太宗利用作為使者前往清營的明朝宦官實行反間計，誣陷袁崇煥為清軍內應的說法。總之，雖說清軍屢次兵臨城下，人心惶惶，崇禎帝卻還是在崇禎三年，以圖謀叛逆之罪，在市集之中將袁崇煥處以磔刑。其妻子亦連坐，流放三千里之外——不過袁似乎沒有男性後嗣。籍沒其財產之際，發現其家中除一石米之外無餘物，於是，據《明史》所載，「天下冤之」。

受到此事的衝擊，袁崇煥舊部祖大壽率軍逃歸錦州，隨即投降清朝。其時，城內大小火炮三千五百多門，盡為清軍所有。

　　可以看到，崇禎二年己巳之變，實不僅僅止於清太宗攻擊北京城之舉，而是包括了其攻擊所引起的明朝內部的一系列分裂活動，令人着實痛心。究其原因，恐怕袁崇煥和崇禎帝各自都要擔負一半的責任。

　　《崇禎實錄》卷四崇禎四年五月癸未條載吳執御上疏，中有「前年遵（化）、永（州）之變，袁崇煥、王元雅等，皆以數百萬金錢，狼狽失守」之語，可見莫大的軍需損失是需要由袁崇煥來負責的。而袁崇煥擅殺毛文龍所招致的損失，在上文也已述及。當時之人對於袁崇煥的評價，無論是在朝士或是都民之間，都絕對算不上白璧無瑕。只不過他那悲劇性的結局和清廉的品性，令他在後世獲得了壓倒性的同情。可以說，袁崇煥是清官，然而他卻並非是名臣。古來所謂清官較濁官為害更甚的諺語，似乎也在他身上得到了應驗。

　　當然，袁崇煥擅殺皮島毛文龍之舉，實際上並沒有直接引發毛之舊部孔有德後來的叛亂及投降清朝。毛文龍死後，孔有德等人一開始被安置於山東登州，與其他官兵混編無事，一直到了祖大壽等人降清之後，才據登州而謀叛，發起暴動，又因為攻佔萊州的失敗，這才帶着數百艘載有大炮和其他掠奪物的大船，於旅順口投降清軍。可以說，沒有處死袁崇煥，便沒有祖大壽的逃歸，而孔有德等人，想來也會就此安然無事地留在明軍之中吧。

　　所以，十九歲即位的崇禎帝儘管有着黜退魏忠賢、誅殺閹黨的決斷，但將這種決斷同樣運用在袁崇煥身上，非但有欠老成持重，更兼暴露了這位天子的「歇斯底里」之性格。

《崇禎實錄》卷十五崇禎十五年四月戊子條載給事中倪仁禎上奏中引謝升之語曰：「皇上惟自用聰明察察為務，天下俱壞」，正是切中肯綮的評價。而天子的這種失敗，在一定程度上亦是因為輔政大臣溫體仁的失敗。同書下文六月戊辰條載吳履中之奏曰：「臨御之初，天下猶未大壞也。特用溫體仁，託嚴正之義，行媚嫉之私。使朝廷不得任人以治事，釀成禍源。」

　　事實上，相似的內容，在劉宗周從地方上奏之時便已說過了。同書卷九崇禎九年（1636 年）十月壬申條載劉奏：

　　　　自己巳以來，無日不綢繆未雨。而天下禍亂，一至於此。往者，袁崇煥誤國，其他不過為法受過耳。小人競起而修門戶之怨，舉朝士之異己者概坐煥黨，次第置之重典，或削籍去。自此，小人進而君子退，中官用事而外廷浸疏，朝政日隳，邊政日壞。今日之禍，實己巳釀成之也。

　　而這位劉宗周在之後的崇禎十五年被召至中央，擔任吏部左侍郎，《明儒學案》卷六十二他的略傳中，記載了天子向他親口提出的問題：國家敗壞已極，如何整頓？

　　以上這幾則材料，令我們可以想見己巳以來，朝廷上下所彌漫着對國事之絕望和無力感。

　　而以這種絕望為背景的政治和社會，又有哪些具體表現呢？我們首先想到的，果然還是財政上的困難。崇禎帝自即位之初，便已深陷入不敷出、瀕臨破產的危機之中。《崇禎實錄》卷一崇禎元年六月丁未條載戶部右給事中黃承昊之言曰：

　　　　祖宗朝，邊餉止四十九萬。神祖時，至二百八十五萬（兩）。先帝（天啟）時，至三百五十三萬。（其他京支雜項，萬曆間，

歲放不過三十四萬。）週來又加六十八萬。今出數共五百餘萬，
歲入不過三百萬。即登其數，已為不足。況外有節欠，實計歲
入，僅二百萬耳。[12]

這着實是令人驚訝的數據。在這種狀態下，能夠將朝廷繼續維
持十幾年之久，想來也是有些不可思議的吧。

在此，我們又不得不追究一個問題：如此大宗的財政支出，最
後究竟進入了哪些人的口袋？表面上看，財政支出的大半是用來支
付軍隊餉銀的，然而實際上，當時的一般軍人卻十分困苦，其糧餉
和軍需用品經常被拖欠。既然按財政計劃來講，本應有巨額現金投
入到軍需等事務上，如此看來，在物資購買和發放上，就一定存在
着不公正的問題。另一方面，也必定存在着某些因軍需行業之景氣
而得利之人。而這種人，即當時各種物資的生產者和擁有者 —— 大
地主和大商人，説穿了其實亦都是屬於我們所討論的鄉紳階層的。
他們所如此這般掠奪大量現銀，更使他們變得自信和傲慢。而張溥
也正屬於這樣的階層。

反觀當時真正的官僚，卻並不能如鄉紳階級一般富有，這或許
是為了兼顧他們的名譽和職位，亦未可知。當然，官僚同樣可以運
用權力直接換來金錢。明代官僚的正規俸祿非常之低，這也正是他
們墮落的直接原因。崇禎帝即位之初，曾試圖重振綱紀，挽回這種
風氣，而在當時的官僚羣體中，亦出現了使天子可以託付一絲信任
之人。《明史紀事本末》卷七十二「崇禎治亂」條載崇禎元年戶科給
事中韓一量上言曰：

　　皇上召對平台，有文臣不愛錢之語，然今之世，何處非用
錢之地？何官非愛錢之人？（皇上亦知文官不得不愛錢乎？）

向以錢進，安得不以錢償？臣起縣官，居言路，以官言之，則縣官行賄之首，而給事為納賄之魁。今言蠹民者，俱咎守令之不廉，然守令亦安得廉！俸薪幾何？上司督取，不曰無礙官銀，則曰未完紙贖。沖途過客，動有書儀。考滿朝覲，不下三四千金。夫此金非從天降，非從地出，而欲守令之廉得乎？科道號為開市，臣兩月來辭金五百。臣寡交猶然，餘可推矣。乞大為懲創，逮其已甚者，使諸臣視錢為污，懼錢為禍，庶幾不愛錢之風可睹也。[13]

這段堂堂正論，也博得了天子的嘉獎，將之拔擢為右僉都御史之位。而對於貪官的懲罰措施，在某種程度上亦曾實行過。《崇禎實錄》卷二崇禎二年九月辛亥條載順天府尹劉宗周上言曰：「頃者，嚴贓吏之誅，自執政以下坐重典者十餘人，可謂得救時之權。然貪風不盡息也。貪風之不息，由於導之者未盡善也。」明言當時的法條雖苛酷，卻沒有甚麼效力。

另外，《明儒學案》卷六十二《劉宗周傳》曾記他為順天府尹之時：「京師戒嚴，上疑廷臣謀國不忠，稍稍親向奄人。」這種現象亦值得注意。此年正是上文所說清軍入侵之時，而據聞崇禎帝將前來勤王的袁崇煥投入監獄，正是為宦官所誤的。當然，比起廷臣來，崇禎帝之更為信任宦官這一事實，也是事出有因的。《崇禎實錄》卷九崇禎九年八月庚辰條曰：「以張元佐為兵部右侍郎，鎮守昌平。時太監提督天壽山者皆即日往。上語閣臣曰：『內臣即日行道，而侍郎三日未出，何怪朕用內臣耶。』」《實錄》中並未記載閣臣對天子之語的答覆。不過我們卻從中得知：曾以剷除魏忠賢之閹黨而著稱的崇禎帝，最終卻還是更為信賴宦官。

六　政治旋渦中的復社

通過以上對於各種形勢的分析和考察，我們對不過一介鄉紳的張溥能夠決定朝中大臣之進退的事實，或許也不會太驚訝了。不過關於其政治活動中的某些關鍵部分，尚處在不明朗的狀態中。

而復社既然可以運用情報網刺探秘密，打擊對手，那麼其對手亦可以運用同樣的戰術來對抗復社。自崇禎三年（1630 年）開始，大學士、湖州府烏程縣出身的溫體仁便和復社派大臣展開了政治鬥爭。而到了崇禎七年，溫體仁也終於有了得以鎮壓復社的機會。《復社紀略》卷二載：「兩張既與烏程有隙，烏程深慮溥雖在籍，能遙執朝政，乃令心腹往官吳地，伺其隙而中之……因選御史路振飛為蘇松巡按，使圖之。」這位路振飛赴任之後，便開始調查蘇松附近鄉紳豪族在鄉曲縱行武斷的實際情況。而之前我們提到的周之夔，則趁此機會將《復社或問》中的一節公開於世，陸文聲亦得以上疏彈劾張采。

當時的中央政府，正逢溫體仁之心腹蔡弈深用事，便決定就復社專橫鄉里一事展開調查，而委派南直隸學政倪元珙負責此事。然而倪元珙本是復社的同情者，向來稱道張溥之篤學，便隨便向上級列舉了復社中幾個無名小卒的名字搪塞了過去。也正因為這種蒙混過關的態度，倪元珙事後遭到了左遷的處分。而蔡弈深更唆使陸文聲等人對復社進行第二波攻擊，同時，復社亦在努力策劃對溫體仁的彈劾。

對於復社來說，無比幸運的是，前後八年執掌朝政的溫體仁終於因為健康原因，於崇禎十年（1637 年）六月宣告引退。不過繼任

他成為首輔大學士的卻是其心腹薛國觀。復社與溫黨的鬥爭也就此更加激烈了。而對復社來說更為幸運的是，不久之後的崇禎十三年（1640 年），薛國觀就因為觸怒了外戚和宦官被罷免，繼而因有收受賄賂之嫌下獄。當然，這樣的結果或許是出於復社的謀劃——至少薛國觀及其黨羽蔡弈深是深信自己之所以下獄，完全是出自張溥等人之羅織的，蔡甚至還在獄中上書，試圖向天子證明這一點。

在薛國觀之後，周延儒於崇禎十四年（1641 年）被召回朝廷，擔任首輔。周延儒是張溥會試時的主考，在當時的觀念中，二人這種座師和門生的關係是完全屬於一個利益共同體的。而周延儒也與之前的溫體仁屬於完全不同的政治派系，馬上成為了復社的後援。

關於周延儒再次入閣的始末過程，比較詳細的記載便是《崇禎實錄》卷十四崇禎十四年九月甲申條：

> 先是，丹陽監生盛順及虞城侯氏共斂金得十萬緡，納賄太監曹化淳、王裕民、王之心等，營求復用延儒。令少俟之。逾年，工部主事吳昌時家最富，出私幣如前數，使進士周仲璉伏行抵故大學士馮銓家，潛通內，果得召用。昌時之力居多，延孺深德之。

吳昌時和張溥同為周延儒門生，且亦是復社中人。曹化淳等則是當時深受崇禎帝信賴的宦官。關於此事，蔣平階《東林始末》中的記載與上引《實錄》基本相同，唯將「盛順」之名誤寫作「賀順」。乍看之下，張溥似乎與此事關係不大。

根據吳偉業的《復社紀事》，周延儒復職一事，非但與張溥無關，就連吳昌時也並未參與其中。不過吳偉業到底承認了吳昌時在當時頻繁為復社出謀劃策，曾修書一封慫恿張溥，謀劃新首輔一

事,「惟丹陽盛順伯可與謀」,而當盛順當面向張溥質詢是否能夠幫忙謀劃之時,張溥卻「嘿,不應」。然後,吳昌時等人方才出於己意,向宦官行賄,不過最終還是「不得要領」,等到天子親自下詔,方才將周延儒再次送上首輔之位。最後,吳偉業總結道:「召出自上意,初非有他也。而來之(吳昌時)自謂謀已行,視世事彌不足為。」然而,這段記載卻着實引起了我們的懷疑。如果此事真的與張溥毫無關係,那就沒有必要去讓盛順特地去找張溥商談了,而如果吳昌時的計劃果真最終失敗,那麼吳偉業又為何要將這件事的原委記錄於此呢?吳偉業既是張溥的門人,述及此事時也定有出於為尊者諱的原則,有迴護曲筆之處。簡單說來,他在筆記中所極力否認的事情,其實便是事實。

在《明史》卷二八八《張溥傳》中,亦曾有「其(周延儒)獲再相,溥有力焉」這樣的記載,而在《資治通鑑綱目三編》卷二十崇禎十四年九月條更有明文曰:「溥乃屬吏部郎中吳昌時,為交關近侍。會帝思用舊臣,遂起召延儒等。」恐怕這條記載才是近乎真相的。這位周延儒曾於崇禎二年至六年六月期間擔任首輔,而後則因為次輔溫體仁的奸計被罷免。因其長期擔任宰相的經歷,就算是沒有人為之奔走陳情而復位,也絲毫不奇怪。當然,有了強力後援的話,這樁事情也就更為容易辦到了。而作為門生,為座師的官位奔走本就是官場的常識。如果在吳昌時費盡心機之際,張溥只是冷眼旁觀,那才反而是更為奇怪之事吧。吳、張二人,理應多多少少參與了周延儒的擁立運動,只不過,他們的參與,究竟在何種程度上影響了這次擁立的最終結果,卻不是身處今日的我們所能逆推得知的了。

而吳昌時花費十萬緡向宦官行賄一事,也因為體現了當時社會

的某種規律而顯得頗為有趣。因軍需用品的景氣而收入大增的鄉紳們，將一部分的收入作為賄賂送給當權者，用以滿足自己的野心，而反過來講，鄉紳作為一種財源，對於當權者來說，也同樣是不可或缺的存在，這也正確保了鄉紳所擁有的地盤之穩固。另一方面，所謂「十萬緡」，換算成銀錢的話，以一緡千貫等於一兩銀子而論，其重量恐怕要接近四噸。如果用貨車荷載，想來絕對會引起騷動。不過幸好，據朱祖文《北行日譜》，當時民間已經流行起「會票」這一類似現代匯票之物。使用會票的話，便可在夜深人靜之際進行政治交易了。

還有，之所以向宦官納賄，則是因宦官的影響力逐漸上升所致。而當時崇禎帝對朝中官僚大臣的不信任感也愈發加重，天子逐漸地被官僚們「孤立」了起來。《崇禎實錄》卷十一崇禎十一年正月乙丑朔條乃謂：「以任丘、清苑、淶水、遷安、大城、定興、通州各官貪縱不法，命逮入，蓋內詗得也。」所謂「內詗」，即天子直接派出的偵探，當然是由宦官充當的。而崇禎帝在新年伊始的此舉，也是對各省撫按長久以來包庇貪官的一種抗議。

事實上，崇禎一朝，以瀆職為名誅戮的官僚多不勝數，有時甚至不滿足於單純的死刑而是處以磔刑，從中亦可窺見那位人主的「歇斯底里」之性格。《崇禎實錄》卷十二崇禎十二年（1939 年）八月庚戌條載：

> 故庶吉士鄭鄤磔於市。先是，中書舍人許曦訐奏鄭鄤不孝瀆倫，與溫體仁疏合。令法司定罪擬辟，上命加等。鄤，武進人。初選庶吉士，即有直諫聲。讀書能文，故文震孟、黃道周皆與之遊。當時（溫體仁）欲借鄤傾震孟、道周，故讞駁逾重。

而鄆居鄉，多淫傲不法，遂罹慘禍。詣西市，尚大呼冤。廷臣皆畏怯，莫敢申救。

而溫體仁最終也在與宦官曹化淳的鬥爭中敗下陣來，以病乞歸。之後繼任的薛國觀則如上文所述被黜退賜死。天子越是使用嚴刑峻法，便越是為官僚大臣所「孤立」，而這也正是他重新召回舊臣周延儒的一大原因。

周延儒擔任宰相之後，對復社的追查自然不了了之。而就在這前後不久，復社的創立者張溥，卻於崇禎十四年五月病故，按照文獻上的說法，享年四十。

然而，崇禎帝對周延儒的信任卻絕對說不上深厚。同時面對清兵進犯和日甚一日之內亂的朝廷漸漸病入膏肓。此時，周延儒的心腹吳昌時、周仲璉、幕客董廷獻經營私利之事正好被曝之於眾。天子親臨中左門，對吳昌時進行審訊，拷掠之下，竟將其脛骨打斷。最終又將吳昌時棄市，賜周延儒自盡。時為崇禎十六年十二月，僅僅只是明亡前數月的事情。

那麼，作為失去天子信任的官僚們之替代品的宦官們，又究竟享有天子的多少信賴呢？前文述及的虞城侯氏和吳昌時的行賄對象——宦官曹化淳恐怕頗得恩寵，而這恩寵的原因則是其向後宮進獻美人。《崇禎實錄》卷十五崇禎十五年七月丁丑條乃謂：「太監曹化淳進江南歌姬數人，甚得嬖。」又，同卷同年九月戊子條：「命採良家女充九嬪。」此事後來雖因官僚們的抗議而中輟，不過這條「採良家女」計劃的發起者，應當就是曹化淳。而最終，當李自成迫近北京城之時，打開彰義門將其迎入城的，還是這位曹化淳。天子不得已而信任的宦官，最後還是背叛了天子。

關於宦官需對明亡所負的責任尚有一例。眾所周知，明軍在與清軍作戰中最重要的武器便是大炮，而負責制造大炮及其彈藥的卻是宦官。《明史》卷七十四《職官志》宦官條載「所謂二十四衙門」外有：「安民廠，舊名王恭廠，各掌廠太監一員，貼廠、僉書無定員。掌造銃炮、火藥之類。」其所在當位於安定門附近。然而這個火藥廠曾屢次發生爆炸事故。據《崇禎實錄》的記載，分別有：一，（七年九月）庚申[14]，王恭廠火藥災，傷斃數千餘人。（卷七）二，（十一年四月）戊戌，新廠災，斃七百餘人。（卷十一）三，（同年）六月癸巳，安民廠災，傷萬餘人，武庫幾空，發五千金賑恤。（卷十一）四，（同年八月）丁酉，安定門火藥局火災。（卷十一）五，（十二年六月）庚子，火藥局火災。（卷十二）

如此連年發生事故，絕不能不對前線的戰事產生一定影響。同書卷十七崇禎十七年（1644 年）二月戊子條正有：「寧武關陷。寇（李自成）薄關傳檄：『五日不下，且屠之。』總兵周遇吉悉力拒守，以大炮擊殺賊萬餘人，會火藥盡。」這樣因為火藥的不足而失敗的事實，可以充當上文中那個推論的案例。

儘管我們不知道連續的火藥爆炸事故的直接原因，然而掌管火藥廠的宦官瀆職怠慢，卻已是不爭的事實。火藥製造既是極為機密之事，天子自然不會將之託付給本來應該負責此事的工部將作監，而是為了使之直接處於自己的監視之下，特別委任宦官來進行管理。當然，那麼多事故的發生，也正說明宦官辜負了天子的期待。天子萬不得已所信任的宦官，到頭來還是辜負了天子。這也正是絕望的時代之所以為絕望的理由。

官僚不信任天子，天子也不信任官僚，官僚們更不信任彼此，

這便是為何在朝廷命令禁止結黨的情況下，還是出現了屢禁不絕的黨爭。《明史紀事本末》卷六十六之論贊引倪元璐之語曰：「宵人正人，皆以不敢言黨而黨愈熾，黨愈熾而國是不可問矣。」誠然，在絕望而沒有信任的世界裏，唯一通行的原則便是權力。而古往今來，黨爭的本質，從來都是權力鬥爭。

七　張溥其人

復社成立之初，曾以文社之名開展了許多文化活動，而其結局則又違反了當初的社約，對政治活動多有參與。或許會有人會反駁：他們不過是不得已參與了反對當權者的政治運動罷了。可事實上，隨着反權力鬥爭的推進，其鬥爭的政治性色彩也會越來越濃。這一規律在復社的領袖張溥身上亦有所反映。現在謹根據《復社紀略》，介紹其中最具這方面特性的幾椿軼事。

當張溥的門人吳偉業獵得會元之後，需要將其試卷刊刻發表——即所謂「刻稿」。一般來講，這種情況由士子的房師作序即可。所謂「房師」，即二十多位考官中，批閱該份試卷，並將之推薦為優等的那位考官，而吳偉業的房師李明濬正是其父的親交。然而張溥竟以吳偉業是自己門生之由，在吳會元的刻稿前提上了「天如先生鑒定」這樣的字眼。感到自己被無視的李明濬大為惱怒，「欲削偉業門人籍」。吳偉業則驚恐萬分，只好懇請同僚徐汧帶着自己前往老師處認錯，並將這件事推諉於當時的書肆，「執送五城懲示以解」。通過此事，可以看到張溥那種完全以門生為自己的私物，以為自己對之擁有一切權力的心態。而之後，張溥還曾命令為官未久的吳偉業去彈劾當時的權相溫體仁，令吳偉業頗為困擾。[15] 至於

張溥與李明濬之間因刻稿而結下的矛盾,則在崇禎八年(1635年)的京察中全面爆發。

雖說張溥的父親翊之不過以太學生的身份終老,然其叔輔之卻進士及第,官至南京禮部尚書,也自然財力雄厚,而他又將家事委託給陳鵬、過崑兩位僕人打理,並默許了他們的專橫。這兩個僕人本就蔑視翊之,再加上張溥身為婢出之子的身份,便經常無禮相待。以至於張溥曾齧血書「不報仇奴,非人子也」八字於壁。之後,張溥因庶吉士的身份鄉居,權勢日振,言二奴之事於四省理刑,並將之逮捕,「下之崇明縣學」,又令知縣顏魁登暗示獄卒,將二奴斃於獄中。[16] 之所以將二奴繫於遙遠的崇明,具體理由無從得知,但以理度之,應當還是為了在不顯眼之處,方便下手殺死他們吧。總而言之,當時鄉紳階級已經有了一種階級上的自尊心,面對下層階級時,大抵是不會以同類視之的。特別是對張溥來說,他對二奴的恨意,不僅來自二奴對其父子的蔑視,更是有感於當時豪奴借主人之權勢橫行無法的所謂「吳下薄俗」,而對奴僕的僭越深惡痛絕。

張溥對下層階級的差別意識亦體現在他對胥吏的態度上。當與之屬於同一派系的祁彪佳出任蘇松巡撫之時,據《明史》卷二七五其本傳,曾「廉積猾四人杖殺之」。而據《復社紀略》卷二的記載,當時告發太倉「奸胥董寅卿」的,其實便是縣內閒居的二張。又,崇禎九年,武舉陳啟新上疏言時弊,正好迎合了宰相溫體仁的意見,故一舉被拔擢為吏科給事中,着實令旁人側目。而復社中人隨即用盡手段調查陳啟新的背景,終於得知其「少時亦嘗從事」淮安縣胥吏的工作,於是便援引明太祖關於胥吏不得應科舉的遺訓,以此為彈劾陳啟新之資云云。[17]

從上述軼聞中，我們可以看到，張溥的世界觀，即便放在今日亦絲毫沒有違和之處。如果按照所謂歷史人物的一切意識都必須符合其所處環境的觀點來看，那麼可以說，或者張溥所處的時代並非所謂封建時代，或者我們今日尚處在封建社會之中，亦未可知。至於那些學者如繪畫一般擬構出的所謂「近代社會」，更不知何時能夠降臨。

張溥的思想也好行動也罷，都不能說是遠離當時社會主流的，然而不容否定的是，其在歷史上所佔的地位卻又是獨特的。享年四十的他，在三十歲時方考中進士，作為當時社會意義上的「社會人」的時間僅有十年。即便從進士及第之前開始便致力學問，那也不過是二十年而已。可最終他所留下的著述，據記載竟已超過了三千卷之多。今天的我們固然已不能窺見其著述的全貌，不過以殘存至今日的部分觀之，或許比起「著作」來說，「編輯」抑或「刪正」是更為恰當的描述，他的這些作品嚴格來說算不上是學術研究。當然，我們同樣也不能忽視這些作品在當時的影響。

在冠以張溥之名的出版物中，最值得我們注意便是其中所謂的《歷代史論》一種。近時的坊刻，往往以張溥《資治通鑑紀事本末論正》（又名《歷代史論》）十二卷、《宋史論》四卷、《元史論》一卷為中心，在其前加上高士奇的《左傳史論》二卷，又在其後加上谷應泰《明史論》四卷合刻，再在卷首冠以光緒五年譚宗浚的序文。在此，我們無暇討論這一整部著作，只能將其中最富張溥個人色彩的關於宋高宗的評論摘出，並予以介紹。

一般來講，普遍的觀點都以為北宋滅亡的主要原因在徽宗，而對宋高宗，歷來的學者只是專責其殺害岳飛、與金人媾和一端，而

又以為此事的大部分責任應由秦檜承擔。然而張溥在《宋史論》卷二，論及北宋末年靖康之變的「金人入寇」以下諸條，卻以為徽宗窮奢極侈三十餘年，致使天怒人怨固然是事實，然而更為敗德者其實還是其子宋高宗趙構——在此張溥特地直呼高宗之名，以追究其責任：

> 予讀《宋史》，至紹興十年，「觀文殿大學士隴西李綱薨」，不禁廢書而泣曰：王之不明，孰有如高宗構者乎！

> 彼趙構者，見逼金虜，如越如溫，在明在杭，居海舟，泊港口，流離殆死，（《詩》曰）營營青蠅（謂讒言），不一悟也。唐德宗於陸贄，用之艱難之日，棄之無事之時，後世譏其極愚。構於李綱尤甚焉。德宗猶念母，而趙構忍忘父也。[18]

> 構性無良，幾同夷虜。金人所愛，構亦愛之。金人所讎，構亦讎之。既悅汪伯彥、黃潛善，則必相秦檜。既怒李綱、宗澤，則必殺岳飛。《詩‧小雅‧何人斯》云：「有靦面目，視人罔極。」構則吾不知其（內心之）極也。[19]

> 史言徽宗失國，愚非晉惠，暴非孫皓，篡奪非曹丕、司馬炎，獨不幸而有子厄。一敗於欽宗，而明皇（唐玄宗）絕西內之望。再敗於高宗，而（晉）湣帝蹈平陽之轍。神龍（唐中宗）繼父（唐高宗），則夫婦（指中宗皇后韋氏）義喪。建炎繼兄（欽宗），則父子道亡。固可同類而並笑也。[20]

這些話幾乎將宋高宗批得體無完膚，如此誹謗天子的文字，我在其他古人處，尚未得見。

當然，中國歷史上的所謂史論，儘管議論的是歷史，可大多關乎作論者當時的政治，以為一種感慨。那麼，張溥對宋高宗的批

評，又是在向我們傾訴何種對他所在時代的感慨呢？

張溥入京選為恩貢，正當崇禎元年，第二年即我們上文所謂的己巳之歲，清太宗包圍北京之年。其時張溥雖大抵已經返鄉，然而當他聽聞昔遊之地烽煙四起之時，恐怕是會有一些別樣的感觸吧。而他的高宗論，也必然是針對明清對立之時局而發的。他的外交理論，亦是徹頭徹尾的激進主義。

我們可以嘗試還原張溥之論中的諸位影射對象。首先，就天子的立場來說，張溥論中的徽宗便是萬曆帝，欽宗則是熹宗天啟帝，至於高宗，當然是影射崇禎帝。宋徽宗和萬曆帝均享國甚久，而且對其所在朝代的綱紀頹廢負有一定責任。欽宗和天啟帝所處大環境雖不同，但二人的失敗同樣都可以被寬恕。欽宗在位日短，且時時處於太上皇徽宗的監視之下，實在算不上是能夠獨當一面的天子。天啟帝則生來暗愚，又沖齡即位，在位時多為宦官魏忠賢所掌控，令人不忍責難。問題便在於同樣是即兄長之皇位的宋高宗和崇禎帝。事實上，和宋高宗類似，崇禎一朝雖然表面上和清朝進行着死鬥，但暗中卻又不斷地謀求與後者的和議。甚至袁崇煥之枉死，其實便是明朝想要和議的願望反過來為清朝所利用，從而使之蒙上了「通敵」的污名。

不過，儘管在後世看來有些不可思議，在明清兩國的交涉中，對和議更感興趣的其實是清朝那一邊。自崇禎元年至七年，清朝曾連年以「滿洲國皇帝」的名義向大明皇帝投送國書，以促進兩國的和議。相反，明朝一邊卻從未遞送過正式國書，更在表面上禁止一些邊將與清朝接觸。對明朝來講，和議最大的困難，便是根據「滿洲國皇帝」的提議，明清兩國需享有平等地位方能進行外交，事關

體面，不得不爭。而最後，當滿洲國那邊進一步妥協，表示願意去除帝號重新稱「汗」之時，明朝也總算暗中接受了和議的要求。遂於崇禎十五年（1642年），經崇禎帝與兵部尚書陳新甲的密議，決定派出使者前往瀋陽進行和議，可是這個計劃不幸被洩露給了外廷，因諫官的一片譁然，為了上文所說的某種體面，天子只得反過來將責任推卸給陳新甲，將之處死了事。[21] 而因為此事鬧得實在太大，就連大學士周延儒亦曾挺身力救陳新甲。

崇禎十五年，正是張溥死後的第二年，而周延儒、吳昌時亦在其後的翌年被誅，更越一年而明亡。如果去世時尚屬中年的張溥得以稍延數歲之命，那他的命運又會如何呢？在和議一事上，他的攘夷思想自然不容有所改變。其實並非張溥一人，當時的全體官僚政客都有這種中華獨尊的想法。然而若是詢問他們對這場持續多年的戰爭有何想法的話，又有幾人能夠成算滿滿地回答呢？從這一點上來說，這羣人都需要為王朝的覆滅負責。

以後世的分析而言，明王朝唯一的延命良策便是與清朝講和以爭取時間整肅內政，所謂「攘外必先安內」是也。如此為之，或許能夠避免明朝那在滅亡後仍舊持續多年的內亂吧。然而，即便這破滅的結局已在千萬人的預料之中，其中亦不會有一個人提出任何委曲求全之道以避免之，世論迂直，一至於斯，這也正是我們從張溥的史論中所觀察到的現象。可以說，張溥其人，在明朝滅亡這場悲劇中，扮演了一個既普遍又重要的角色。

而張溥若能延命，又會如何面對之後那北京陷落、清軍南下的困局呢？明末諸名士中，固然多有貫徹其平生之理念，以身殉國者。而更多的人則在這場天翻地覆的變局中選擇了與時俱進，不為

名譽地生存下來，令旁人齒冷視之。

其中，張溥所兄事的周介生，晚來進士及第，任庶吉士時正逢北京陷落，隨即出仕李自成的朝廷，大節有虧，而當李自成失敗之後，又南逃至福王的小朝廷，最終因政敵的讒言被處死。張溥的朋友張采之死亦絕非光榮。此人於福王之時從禮部主事晉升為禮部員外郎，乞假暫歸，又正逢南都失守，「奸人素銜采者，羣擊之死，復用大錐亂刺之」，所幸張采隨後蘇醒，遂避往鄰縣，三年後去世。[22] 而南京的福王政權中，執掌政權的阮大鋮和馬士英均是溫體仁之黨，亦可以想見復社成員在此朝廷中的不得志。而最終，雙方也隨着清軍的南下玉石俱焚。

接下來需要我們注意的，是張溥編著的《四書註疏大全合纂》。此書或許稱得上是清代隆盛的考據學的一個源頭。明初，永樂帝曾命人編纂過《四書大全》、《五經大全》、《性理大全》三書，以統一對儒教經典的不同解釋。對於科舉所需要的經學知識來說，掌握這三書便已足夠。而既然如此，三書之前的各種古註疏，看似亦可以廢去不觀了。然而，到了弘治、正德年間，活躍於蘇州藝術圈的祝允明（枝山，1460—1526 年）卻頻頻發表提倡古學復興的言論。在他的《懷星堂集》中，如此言論處處皆是。如卷十〈學壞於宋論〉：

> 祝子曰：凡學術盡變於宋，變輒壞之。經業自漢儒記於唐，或師弟子授受，或朋友講習，或閉户窮討……宋人都掩廢之。或用為己說，或稍援他人，皆當時黨類。吾不如果無先人，一義一理乎[23]……我太祖皇帝洞燭千古，令學者治經用古註疏，參以後説，而士不從也。

此段中雖有我所不能讀懂的地方，要之，宛然已是考證學者的

口吻了。又，卷十一〈貢舉私議〉中，論及科舉中應考註疏時説：「宜令學者兼習註疏，而宋儒之後為説附和者，不必專主為便。」又，卷十二〈答張天賦秀才書〉曰：「故僕勸足下宜尋《十三經註疏》窮之，當自有得……若患嶺外無此篇籍，幸力致之。」該篇下文尚有勸人讀「宋元十九正史」之語。

而繼承了祝允明這一遺志的，便是同為蘇州人的張溥。他所編纂的《四書註疏大全合纂》三十七卷，因宋學以後諸説已見永樂各種大全，是以專收宋以前的各種古註疏以供閲讀。這本頗為便利的書為吳門寶翰樓所刊行，題籤有「張天如先生評訂」的字樣[24]。此書並無總序，只是在卷首的《大學》之首有一篇《大學註疏大全合纂序》，末署「崇禎九年正月日，後學婁東張溥序」，並摹刻有「西銘之印」、「太史氏」兩枚印章。張溥之所以特為《大學》作序，無非是為了説明其為何採用所謂「《大學》古本」的問題，至於其他三經，便無此必要了。[25] 張溥此序始曰：「古本《大學》與石經文異，今註疏蓋古本也。論者謂漢儒註本，不可詮易，其言近是。然朱子《章句》，盡更其舊，又以意補亡，不少遜讓。即云其傳得之河南程氏。」而序末更稱：「今學者於補傳，其不敢信，亦猶是也。近代訓詁，《學》、《庸》尤繁，其説類託，仿於朱子。抑知言之彌多，去之彌遠。非《註疏大全》，莫能救也。余尤廩廩焉。」

事實上，張溥的這種思想並非發端於寫序之時。據《復社紀事》，其在崇禎元年，以恩貢入京之時，「縱觀郊廟辟雍之盛」後，「喟然太息」道：

> 我國家以經義取天下士垂三百載，學者宜思有表章微言，潤色鴻業。今公卿不通六藝，後進小生剿耳備目，幸弋獲於有

司。無怪乎人持柄，而折枝舐痔，半出於誦法孔子之徒。無他，
詩書之道虧，而廉恥之途塞也。

而相近的言論亦見於清代浙東學派之祖的黃宗羲之口：「人講
學，襲語錄之糟粕，不以《六經》為根柢，束書而從事於游談。故
問學者必先窮經，經術所以經世。」[26] 其同張溥之語何等相似。又，
梁啟超《清代學術概論》更謂：「清代思潮果何物耶？簡單言之，則
對於宋明理學之一大反動，而以復古為其職志者也。」梁氏此語在
此處實有摘錄的必要。因為顧炎武、黃宗羲等人的主張既發端於張
溥，而「復社」之名，更有復興古學的意味。

張溥所編著的《註疏大全合纂》除了《四書》之外尚有《五經註
疏大全合纂》，其中《詩經註疏大全合纂》三十四卷一種為《四庫全
書總目提要》卷十七著錄為存目，而另外四種則已不知今尚存否。
其他為《提要》所著錄的張溥著作還有《春秋三書》三十二卷和《漢
魏六朝一百三家集》一百十八卷，此外他所刪正的《歷代名臣奏議》
三百五十卷則繫於原編者黃淮名下。而最後一種，則是張溥個人的
《七錄齋集》。

通觀張溥編著之書籍，大多只是「剪刀加糨糊」的產物，說不
上有甚麼學術價值。而他在文化事業上，與其說是一位作者，不如
說是一位出版者。雖說他的編著中均貫徹着復興古學的意圖，不過
出版這些書籍對他來講亦是有利可圖之事。而隨着他出版的書籍銷
路漸廣，他的名聲也就越來越大。另外，他所掌握的復社情報網在
出版宣傳、書物配送上無疑也發揮了一定用途。

當時既然已經是情報至上的時代，對出版業來說，情報無疑也
可以換得名聲與金錢。而金錢之後又可以兌現權力，買取官位，驅

使官府為自己的金錢而奔走，從而獲得更大的權力和更高的聲名。

恐怕張溥所享有的巨大聲名便是如此這般得來的吧。然而，這種聲名卻並沒有維持很久。當世風漸變，清朝學者開始審查張溥的業績之後，他們意外地發現：張溥的學問竟是這般貧弱。《四庫全書總目提要》的編者均為考據學中翹楚，不過他們對張溥這位考據學的先覺者的學問，卻絲毫沒有阿諛同情之處：

【《歷代史論》】議論凡近，而筆力尤弱，殊為不稱其名。[27]

【《詩經註疏大全合纂》】溥是書雜取註疏及《大全》合纂成書，差愈於科舉之士株守殘膏者。然亦鈔撮之學，無所考證也。

【《春秋三書》】至於經學，原非所擅長。此書為未成之本，亦別無奧義。[28]

【《漢魏六朝一百三家集》】溥以張氏（燮）書為根底而取馮氏（惟訥）、梅氏（鼎祚）書中其人著作稍多者，排比而附益之，以成是集。卷帙既繁，不免務得貪多，失於限斷，編錄亦往往無法，考證亦往往未明……溥與張采倡復社，聲氣蔓衍，幾遍天下。然不甚爭學派，亦不甚爭文柄，故著作皆不甚多。溥所撰述，惟刪定《名臣奏議》及此編為巨帙。《名臣奏議》去取未能盡允。此編則元元本本，足資檢核。溥之遺書，固應以此為最矣。[29]

似乎在館臣看來，張溥的編著中，唯有《一百三家集》稱得上及格。不過正如《提要》所說，此書「因人成事」[30]，是對張燮原編的《七十二家集》三百四十七卷進行的重編，增其人而減其卷所得的，實在顯得價值不高。對於資料來說，隨意刪節一定會導致網羅不盡。當然，我們在此處不擬討論刪節在文章學上的價值。而身處今

日的我們既然有了嚴可均的《全上古三代秦漢三國六朝文》可供參閱，那麼張溥的《一百三家集》也就顯得全無用處了。

要而言之，對後世而言，張溥的編著中絲毫沒有不可替代之物。如果說他只是一介學者，抑或一介文人，那麼這無疑是非常可恥的。然而，這並不意味着他身上沒有一點可取之處，在歷史長河上同樣亦不能忽視其存在。在政治史上，脫離了張溥來談論明末無疑會造成巨大的漏洞。論及考證學的源頭，在明代祝枝山之後，也必須提到張溥。如果沒有張溥的先行試錯，很難說清代考證學究竟會不會在清初就已經以一種早熟的方式成為潮流。我們似乎很難以傳統的固定概念來衡量張溥其人。其實，他在本質上最為接近的身份是今天的新聞記者。我在上文中曾經提及：明末已經是一個情報社會了，而在這情報社會中，最初作為記者登場的，便是張溥其人。所謂「對客揮毫，俄頃立就」者，抑或正是某種與新聞稿類似之物。想來這類文章若是流傳至今，又能被編成文集的話，讀來應該是十分有趣的——當然，這樣的文章無疑與當時對文章家的要求相去甚遠。這類文章並非流傳後世之文，而只是為了解決切實的現世目的所作的事務性之文。張溥從事的雖是反權力運動，可他自己的權力慾卻比誰都強，而如果說他是一介記者的話，那這種情況便能夠非常自然地理解了吧。身為里居之人的一介庶吉士而能遙控朝政，與現時的新聞記者被稱為無冕的宰相這一點相對照亦非常有趣。所以說，他並非是無法將著作流傳後世，只是不需要罷了。在這點上，我想，他是絕不後悔的。

論述張溥的生涯，實際上是我長年以來的一樁「懸案」。在很久以前，我便以為他的存在對理解明末政局具有非常重要的意義。

不過因為我的懶惰，時至今日，尚未能讀完他的全部著述。一般來講，書寫文化人物的傳記，首要任務便是讀其全集。若是不能全部精讀，寫傳記時的心情恐怕是不能平靜的吧。不過，當此次《東洋史研究》編輯委員前來為其鄉紳特刊號約稿之時，我卻覺得，若是不趕在這一期上發表，恐怕以後也不會再有這樣的機會了，於是明知學力不足，還是寫就了此文。正是因為如此，當我對張溥進行考察之時，並未能全面排查他的全部作品。況且張溥的文章盡是應酬之作，除此之外則大多如後代的《李鴻章全集》那般充斥着事務性的文字，遠沒有《曾國藩全集》那般精彩。可以説，其文章可作為史料，但無關乎精神生活及學術思想。另外，隨着對明末社會情勢之檢討的深入，很多一開始覺得非常不自然的地方也漸漸變得能夠理解了起來。這一點着實是我意料以外的收穫。此文和普通的論文體裁有所差別，對此我深有自覺，也正是考慮到這一事實，方選用了這樣的標題。[31]

1　編者按：原題為〈張溥及其時代 —— 明末一介鄉紳的生涯〉，小節劃分及標題為原書所有。

2　明確以「鄉紳」指代張溥為例子，《復社紀略》卷二載周之夔彈劾張溥、張采、劉士斗之事時謂：「之夔遂坐溥、采悖違祖制，紊亂漕規。指士斗為行媚鄉紳。」同書卷四又載張國維回奏中有「獻媚鄉紳」之語。

3　譯者按：見《明史‧張溥傳》。

4　譯者按：見《明史‧張溥傳》。

5　關於張溥著作的卷數，《明史》卷二八八其本傳中所記為「三千餘卷」，而吳偉業《復社紀事》中則謂：「先生所纂《五經疏大全》及《禮書》、《樂書》、《名臣奏議》數百卷，繕書進覽。」不過這處的「數百卷」似乎只是進呈給天子的卷數，而非其全部的著作。

6　譯者按：出陸世儀《復社紀略》卷二。

7　譯者按：均概括出自陸世儀《復社紀略》卷二。

8　譯者按：《復社或問》原書已佚，此書引文實出《復社紀略》卷四載周之夔上疏。

9　譯者按：作者此處借用的村八分制裁之概念，是日本江戶時代在各個村落實行的制裁方式之一。對那些擾亂村子秩序的人及其屬，全體村民約定：除葬禮和火災兩種情況之外，斷絕所有人與之的一切往來。

10　關於明末與後漢末年的比較，明末復社的活動，似乎很容易讓人聯想起後漢末年的處士橫議現象。如果説明末的復社活動是以情報網為中心的話，那麼後漢末亦同樣如此。只是後漢末年的情報網不過是一種「口頭媒體」，其傳播方式尚停留在口耳相傳的地步罷了。當時所流傳的各種謠諺，如「汝南太守范孟博」、「天下楷模李元禮」等，其實便如今日的報章新聞標題一般，將各種人名和其所行相配而已。

11　譯者按：此處原文，作者將原史料「推知」二字訓讀為「在外則推舉引薦，令世人知道其人」之意。其實這裏的「外而推知」指的是「在地方則引薦其人為推官和知縣」，與前文「內而」對舉。按照作者前文引用「中行評博」時所加引註，則應表示為「外而推（官）知（縣）」。

12　關於記載明末政府的收支問題，黃承昊上疏，《明史紀事本末》卷七十二「崇禎治亂」條所錄精確到了萬以下的具體數字，更為詳盡。此外為了方便，故選用了《崇禎實錄》的版本，略去萬以下的數字。不過引用時，又據《紀事本末》的版本，在括號中補了「其他京支雜項」一句實錄所無的項目。

13　韓一良上疏又見《崇禎實錄》卷一。在此段引文中，用括號註出了《實錄》較《紀事本末》多出來的部分。

14　譯者按：「庚申」作者原文引作「丁巳」，誤。據《崇禎實錄》卷七該條改原文。

15　譯者按：吳偉業刻稿事見《復社紀略》卷二。

16　譯者按：陳、過二奴事見《復社紀略》卷二。

17　譯者按：陳啟新一事見《復社紀略》卷三。

18　譯者按：以上兩段見《宋史論》卷二「李綱輔政」條。

19　譯者按：見《宋史論》卷二「宗澤守汴」條。

20　譯者按：見《宋史論》卷二「兩河中原之陷」條。

21　關於陳新甲之死，《崇禎實錄》卷十五崇禎十五年九月戊子條曰：「誅前兵部尚書陳新甲。初，周延儒入其賄，營解甚力。因奏：『國法：大司馬，兵不臨城不斬。』」上曰：『他邊疆即勿論。僇辱我親藩七焉，不甚於薄城乎！』延儒語塞。既而刑部署事右侍郎徐石麒奏其釀寇私款，立奏上，竟棄市。」周延儒力救一事，他書亦往往載之。不過同書卷十六崇禎十六年十二月乙丑條，於周延儒被賜死一事之後，尚有「及再相，反溫（體仁）所為。而嗜利無厭，往往鬻爵。時方得君，不顧外患。款局敗，委罪陳新甲，沒其厚賂，欺蔽明主，敗壞國事，遂以亡天下」這樣與前文相矛盾的記載。恐怕後一條記載別有所指，「以亡天下」云云，或許指的並非周延儒，而是崇禎帝本人。

22　譯者按：見《明史・張采傳》。

23　此處祝允明的原文為：「吾不如果無先人一義一理乎。」有些讀不太通，在此姑且將「先人」屬上句。

24　關於張溥此書，可參照拙稿〈四書考證學〉（《東洋史研究》第四號，《全集》第十七卷所收）。

25　譯者按：作者此說不確。今檢上海圖書館藏崇禎刻本《四書註疏大全合纂》，除《大學》卷首有張溥序之外，其他《中庸》、《論語》、《孟子》三經卷首均分別存有張溥作於崇禎九年正月的三篇序文，或是作者所見之本後三序已脫去，俟考。

26　譯者按：見《清史稿・儒林・黃宗羲傳》。

27　譯者按：此條乃作者引自《四庫提要》卷九十評類存目所收《歷代史論二編》之提要，《提要》下文曰：「題曰『二編』，蓋尚有前編，今未之見。」

28　譯者按：見《四庫提要》卷三十春秋類存目。

29　譯者按，見《四庫提要》卷一八九總集類。

30　譯者按：「因人成事」為《四庫提要》著錄《一百三家集》中語，在上面這段中為作者所省略。

31　與拙稿論述相似話題的論文尚有小野和子的〈關於明末結社的一個考察 —— 以復社為中心〉（《史林》第四十五卷第二、三號）等，使用這個標題也是為了避免與之在詞句上的雷同。

15 | 石濤：賣畫的先驅

一 經歷大亂的藝術家[1]

　　清初僧人石濤的畫不受重視並非新鮮之事。事實上，其畫作自古以來就沒有受到過公正的評價。向來論及清朝繪畫，便可用所謂「四王吳惲」[2]來概括，指的是以蘇州為中心的正統派畫家羣體，而當傳統價值觀發生轉換，以揚州為中心的新興畫風得到重視，其中心畫家便是所謂的「揚州八怪」[3]了。追溯揚州八怪的源流，其實便是這位名為石濤的畫僧。對該時期價值轉換的研究，日本的漢學家青木正兒和南畫畫家橋本關雪頗得先鞭[4]，而後這種關注也漸漸倒傳至中國，則是與中國當時的社會情勢，即思想革命、文學革命、五四運動等一系列打破舊弊惡習，建設新文化、新社會的思想潮流有關了。

　　石濤本名朱若極，作為皇室的一支疏族，生於崇禎年間，明亡之後，他曾於清初的康熙年間作為一介畫僧而頗為活躍。「石濤」本是其字，又有別號清湘道人、大滌子、苦瓜和尚、瞎尊者等，其

法號則有道濟、弘濟等。今存其畫跡數百幅、題跋數百首。關於其生卒之具體年份，至今尚無定論。可能夠確定的是，其生前書畫之聲名並不甚高，其交遊頗為有限，與名士的應酬亦極少。關於他的傳記，則大多寫於其身故後很久的年代，不免缺乏史料價值。

而近年以來，人們對石濤的評價忽然急速上升，其畫跡題簽亦多有人作偽。其中甚至混有研究石濤多年的專家自行偽造而橫陳於世者，如此咄咄怪事，無疑使我們的考察陷入了一種更深的迷惘中。此外，對我們來說還有另外一個不利因素，那便是和石濤差不多同一時期，尚有另一位石濤和尚，後者其時與文人交遊甚廣。面對這麼多或善意或惡意的錯綜複雜的條件，勾勒石濤其人的輪廓絕非易事。

明末清初的大動亂曾令全中國的人民深陷戰火與饑餓的深淵之中。而在這種特別不利的境遇中，背負着某種重荷生活，又被身為畫家的信念感召，忍受着這種不利而在藝術上開創新的道路，其過程必然伴隨着肉體上的辛苦與預期之外的精神上的苦悶。蓋古往今來的所有先驅者，大抵都是免不了走上這條煩惱之路的吧。對於石濤，前輩學者已嘗試過多種研究方法。而我在此，則試圖將之作為一位先驅者，去分析他內在的苦悶及其藝術歷程。

為我的研究指明方向的，首先是石濤作為明宗室一員較一般人背負着更多苦難這一點；其次則是石濤與當時的傳統畫壇相對抗，堅持自己的信念以進行藝術活動時，所不可避免地與外界發生的摩擦；第三則是在樹立「藝術家」這種新的生活模式的過程中，面對外部的批判，在其內心所進行的反省和苦惱。我的論述也都將圍繞這三個方面進行。

二　無用的皇室身世

石濤身為明朝宗室，明代的滅亡，並不僅僅意味着他喪失了原來的特權，淪為一介庶民，更需要注意的是新統治者滿洲人的異民族身份。是以石濤之於清朝，不但有着亡國之恨，更有對異民族尊王攘夷式的同仇敵愾之心。而且石濤個人的狀況，比起上面所論述的要更為複雜，不能簡單地一筆帶過。

有明之亡，藉由清朝一邊的口吻來說，並不是清軍所致，而是流賊李自成的罪孽。清軍所做的，不過是為明朝最後一位天子崇禎帝報仇，進而討伐李自成罷了。因此，清朝的天下並非奪自明朝，而是奪自流賊之手。

而石濤的情況之所以更為複雜，則是因為他並非明太祖的後嗣，而是出自旁系。明太祖有同母兄弟興隆，興隆有子文正，而文正之子守謙則被賜予廣西省桂林的土地，封為靖江王，世襲罔替。守謙之嗣子贊儀以降，遵從明太祖對宗室的命名方法，即同一世代之子嗣名字的第一個字之排列，乃是取自明太祖所作的一首具有教戒意味的五言詩[5]：

> 贊佐相規約，
> 經邦任履亨。
> 若依純一行，
> 遠得襲芳名。

如靖江王一族中，與第二代贊儀同輩者均名「贊某」，而石濤本名朱若極的「若」字，則屬於這首詩的第十一個字，即朱贊儀的十世孫。事實上現存的石濤鈐印中，正有一方印文為「贊之十世孫阿

長」的，其中的「阿長」是石濤的小名。

最後一任靖江王朱亨嘉，正是石濤的親父。亨嘉的非自然死亡，卻不是清軍所為，而是出於明朝宗室間的一場內訌。

崇禎十七年（1644年），北京城為李自成佔領，天子自殺，清朝隨即發兵入關，很快取得了中國北部。同時在南京，萬曆帝之孫福王亦被擁立為天子。然而，南京小朝廷又因為超越前代的黨爭而缺乏一致對外的態度，根本敵不過百戰百勝的八旗兵，福王也在成為天子整整一年之後，隨着南京的陷落被清軍俘虜。福王本身既為帝室近親，其踐帝位，地方官民自然絕無異議。不過當福王政權倒下，各地紛紛擁立宗室為帝時，所擁立的便大多只是朱氏的疏族了。

所立諸王中，最具人望的當屬明太祖之子定王之後的唐王朱聿鍵，其與明王室的本家也已有十餘代之隔。唐王自南京逃入福建，先自稱監國——所謂「監國」，即攝政而等待真正的天子即位之意，當然也並不排除自己將來登極的可能。同時，明太祖的另一位子孫魯王亦在浙江省自立為監國，隨後在鄭成功的庇護下逃往台灣。至於石濤之父亨嘉，亦是南京失守後自立為監國的其中一人。然而，唐王和魯王即使是疏族，仍堪稱太祖之後裔，這位靖江王亨嘉則只不過是太祖之兄的子孫，無疑是疏族中的疏族。

有見各地的明宗室紛紛自立之局勢，唐王很快便在福州即帝位，改元隆武。之前曾被南京福王政權派往廣西擔任巡撫的瞿式耜在赴任途中，收到已在福建登極的唐王之命，令他前往福建參加其所立政權，然而瞿式耜隨即出於個人理由表示拒絕。其理由是：以宗室族譜而論，唐王是崇禎帝和福王祖父一輩的親戚。而在中國古代的繼承法中，規定只有輩分低者方能繼承輩分高者，實在不得

已，才允許同輩之間的繼承情況，是以由輩分高者繼承輩分低者，無疑是一種禁忌。

然而，當瞿式耜再次拒絕來自靖江王亨嘉的邀請之後，亨嘉卻將之逮捕幽禁。不得已之下，瞿式耜只得暗中向唐王特使宣誓效忠，並尋求唐王之救助。亨嘉這種旁系中的旁系，在皇位繼承中本來毫無地位，因此權衡之下，瞿式耜寧可選擇忽視輩分問題，擁立太祖的子孫唐王。唐王大喜之下，立即命令總督丁魁楚前往攻擊亨嘉，處於窮途的亨嘉也只能釋放瞿式耜，謀求和解。然而瞿式耜卻馬上命令手下諸將逮捕亨嘉並殺之。[6] 這位靖江王亨嘉身為旁支而自立，想來也是一種謀叛的行為吧。亨嘉既已被定罪為謀叛，那麼大兵對其一族族人自然也不會手下留情。石濤乃是經由宦官之手被隱匿在民間，最終得以脫難的傳聞，大抵也是可靠的。不過迫害了靖江王一家的唐王，最後也在清軍的追剿下於廣東省就擒，瞿式耜亦戰死。[7]

此事還涉及到石濤的生年問題。也就是，他失去那位悲劇性的父親之時，究竟年紀多大的問題。事實上，石濤的生年向來有好幾種說法，其中最先為崇禎三年（1630 年），最遲為崇禎十四年（1641 年）。即便是以其書畫題跋中提到的年月干支推算，也不能得到決定性的證據，無法平息異說。到頭來，不過是學者們各自強調其所持的證據並以之作為一種推論罷了。

將其生年繫於較早的崇禎三年的學者，其重要證據之一便是石濤與錢謙益的關係。錢謙益身為明末以來政界、學界的大人物，又是東林殘黨，在明亡後出仕清廷。而他在順治八年辛卯（1651 年），曾持友人的介紹信於廬山拜訪「石濤上人」，分別時又贈以十四首

詩，並托石濤將之傳送給友人閱覽。[8]當時的錢謙益年已六十九，屬於在故鄉蘇州府治下常熟隱居的身份。若石濤生於崇禎十四年，則當時年僅十一歲。錢謙益這樣的大家，自然是不會尊稱如此小僧為「上人」，並贈詩而自稱「弟錢謙益謹上」的。而若石濤生於崇禎三年，則其時已二十二歲，錢謙益的措辭也就顯得較為合理了。

然而，即便是二十二歲的石濤，與六十九歲的錢謙益詩中措辭相比，仍然並不相合。是以之前的通行觀點都認為這位「石濤上人」與畫家石濤並非一人，儘管這種推測本身並沒有甚麼證據，但還是為中國的學界所通用。不過最近，此另一石濤的身份終於得到學者確認。其間自是免不了涉獵浩瀚的書籍和史料，我在此不得不感歎，中國學果然還是中國學者的專長。[9]

錢謙益所遇到的石濤上人，其實是盧山開先寺的住持，所謂「石濤弘鎧」者，是雪嶠圓信的弟子，而後又傳承了其同門曹源弘金之法席，與畫僧石濤之師承全然相異。[10]而在學界這一新發現中最令我震驚的，便是其中所引《盧山續誌》和《同治南康府誌》二書。這兩種古籍並不罕見，且向來是研究盧山的必讀書。然而此前的學者，大多先入為主地以為畫僧石濤在年輕時停留於盧山，不過是一種造訪而非久住，於是便忽略了盧山本地的史料。由於自身的懈怠，只是依靠前人搜集的史料翻來覆去地詮釋向來都是學界的通病，而這個發現，也適足成為一個應當為我們所銘記的教訓。

既然否定了石濤生於崇禎初年之說，那崇禎末年──或者說崇禎十四年作為其生年應當是合適的吧。一般來講，在藝術家的生年問題上，十年的差距並不甚多。然而對於石濤來講，這十年卻所關極大。如果石濤生於崇禎三年，那麼其父悲劇性地被殺之時，他已

是個十六歲的少年。作為明宗室的一員，也已享受過好幾年的優雅生活。而若是生於崇禎十四年的話，其父亡時尚年方五歲的石濤在此前後數年之間，不過是一個不明物心的孩童，在不知不覺間便已經此世變，不得不在這個清朝新霸權的逐漸建立過程中，作為一介孤兒開始自己的人生。這兩種生年所造就的人生觀之間着實有着很大的區別，就好像現在日本戰前派和戰後派之間那般。而就石濤之後的生活態度來看，他無疑是屬於戰後派，其對自己作為明王朝宗室一員的尊貴生活，完全沒有任何記憶。

世人每每概念化地將石濤當作前明皇室的一員看待，又概念化地以為石濤對清廷有不共戴天之仇，也必抱持着強烈的攘夷思想。而這其實是不符合當時實情的。日本的大正、中國的民國以來，多將石濤當作民族主義者，以為其一生志業便在於反清復明云云。這誠然是一種美好的想像，只是與石濤本人沒有任何關係罷了。

事實上，石濤對前明皇室以及清朝天子的態度並不能概念化地一切為二看待。他的父親曾因舉起反清復明的旗幟自立為帝而被視為本家的背叛者，慘遭屠戮。雖說有着內訌的大背景，可其下場也實在太過淒慘。而最終剿平這場內訌的，反而是清軍。亦即是說，無論明朝對他來講是甚麼，可以確定的是，都不值得賭上自己的一生去復興它。無論取代明朝的清朝是好還是惡，亦同樣不值得賭上自己的一生去顛覆它。強行規定石濤為明朝後裔的不過是世人，他自己卻是絲毫沒有對明代的記憶的。誰也不能按照別人的規定生活，擁有獨立的人格和對個人尊嚴的自覺方才是真正的生活方式。

與石濤同時代的畫家中，八大山人也是明宗室出身。其人本名朱耷，又名朱由桵，出自明太祖所封諸子中的寧王一系，離本家較

石濤為近。而明亡之時，八大山人已經是二十歲的青年，對往昔上流社會的貴族生活應該頗有感觸。因此，其人生觀也就和石濤大為不同了。

八大山人的確是正宗的對清朝抱有抵抗情緒的畫家。其「八大山人」的署名，也是為了用「八大」二字拼成一個「哭」字，寄託亡國之恨。他平素以癲狂避世韜晦，時常以「驢」自稱，更有裝作啞巴以避免與俗人應酬之時。他以畫換酒，酒醉而哭，哭足而笑。而世人，也頗能從八大山人之舉止動作中解讀出其對此世的抵抗。

然而石濤卻不能回應世人的這種期待。他對清朝並沒有憎恨的理由。如果心底裏的抵抗意識沒有強到沸騰的程度的話，想來沒有必要為了贏得世人的贊同而特為採取一種抵抗的姿態 —— 反過來說，倒是採取了這種姿態才更為奇怪。

不過世人仍然能夠為自己那觀念化的期待來自圓其說。石濤在落款時曾使用過一枚印章，印曰：「於今為庶為清門」。出自杜甫關於當時的畫家曹霸的詩句，而曹霸又是三國時魏武帝曹操的後裔，杜甫這句七言詩的意思不外乎是：雖說到了唐代，曹家淪為庶民，卻仍然是保持着風雅傳統的名門。

而石濤的心事也正可以用此句來概括。自己的祖先雖是明王室的分支，自己卻不曾有身為宗室的個人記憶。因為沒有記憶，十年前的王室便也和百年前的毫無區別。他自己也僅僅是被統治的大多數國民中的一介庶民。所幸因為教育程度的不同，其仍能夠維持祖先那吟詩作畫的名門傳統。這便是「於今為庶為清門」了。

正是出於這種心態，石濤分別於康熙二十三年（1684 年）和二十八年（1689 年）兩次謁見了南巡中的康熙帝，特別是在第二次

謁見時，還獻上了自己所畫的《海晏河清圖》，謳歌太平、讚頌帝德，對於他來講似乎並不痛苦。這雖然可以説是他最為自然的舉動，可在他人看來，卻又會理解為對其自由的一種束縛。

三　走上「畫販子」生涯

我在上一段中突然插敘了石濤壯年時代的行事，接下來請容我繼續觀察他少時所為。畢竟，若能理解他少年時代的心境，之後的一切問題大多都能迎刃而解。只是我所作的，或許只是一種缺乏證據的推斷。

免於連坐其父之災的石濤，此後被帶到了廣西省桂林的民間，由族人養育，應該接受了足夠的教育。他「清湘老人」的號所指的湘水便是經過桂林流往湖南省的大河，過去當地也有名為清湘的縣城。這恐怕便是石濤所最為難忘的風物了吧。他自稱十四歲時開始學習畫蘭，此後隨着畫藝漸高，其作為一個在廣西這樣的窮鄉僻壤非常難得的畫家，聲名也就越來越高了。

我們並不清楚石濤於何時出家。這恐怕與其離開廣西、放浪於江湖中的生活有關。以常識而論，出家本身不關乎對清廷的抵抗，而應該只是為了放浪生活的方便。成為一名行腳僧便意味着能夠居住在其到過的每一處寺廟裏，而當厭倦了簡易的生活時，又能隨時賺取糊口之資。雖説身為比丘，不得不遵守戒律，可其中酒戒一條，石濤卻亦可偶爾不遵守。

以我個人的見解，中國社會到了明末，關於其經濟文化的情報數量有了一個急遽的增長。民間也成立有各種負責情報收集、傳遞的機構，印刷物的傳播極為迅捷，而人本身的往來更是非常方便。

也正因此，徐霞客才得以完成對國內名山大川的巡禮 —— 這位大旅行家差不多正好在石濤出生時去世。

康熙元年（1662 年），石濤往南京，師從旅月禪師，這位禪師曾使康熙帝之父順治帝皈依佛教。而後，石濤輾轉移居宣城，在此度過了十年光陰，飽覽其左近的黃山風光，深深為之吸引。在此後的歲月裏，石濤屢屢造訪黃山，留下了許多寫生。

康熙二十六年（1687 年），石濤移居揚州。此後，除了曾滯留北京數年之外，他絕大部分的生涯都在揚州度過。他選擇揚州的理由無非是從此時起，他已成為一名職業畫家，需以畫養家，而揚州對於畫家來說，無疑是最為宜居之地。此地是中國最大的食鹽集散地，以當時最頂尖的資本家 —— 鹽商為首，聚集了各種工商業、運送業的勞動者，各種新興風氣在此產生，很快凌駕於附近的名都蘇州之上。而在此地的新興「布爾喬亞」中，新興畫家的作品同樣也很受歡迎。石濤所加入的，便是這樣的一個圈子。

而當時君臨中國畫壇的，卻是以蘇州為中心的正統派或者叫吳派。其中心便是上文所說的「四王吳惲」，他們個個出身高貴，具有優秀的教養和才能，幾乎無可挑剔。其中最年長的王時敏是明代宰相王錫爵之孫，而王時敏之孫則又是「四王」中的王原祁。王鑑則是明代大儒王世貞的曾孫，另一位王翬則是王鑑的門人。吳歷是王時敏的門人，而惲壽平又是王翬的親友。可以說，以上的「四王吳惲」都是來自同一個藝術「沙龍」的，而這個沙龍的創始者，是明末的董其昌。

董其昌是南畫理論的集大成者，也開創了一種傳統。這種傳統簡而言之，便是主張繪畫需達到古人之筆意。特別是元四家的筆

意，作為一種究極的理想，若是能爛熟其筆意，使之成為自家藥籠中物般，那麼才可以繼續上溯唐宋古人的畫法，繼而擁有能夠自行創作之力。吳派的背後，存在着數百年來中國畫壇所積蓄的精髓，而固守這種精髓的董其昌，又運用了新理論來武裝這種理念。所以吳派的繪畫便成為一種了無破綻的堅固建築。不過，儘管每一幅畫都是存在着萬物的小宇宙，可將這些畫並列放置之時，卻只會因其內容上的重複而感到陳腐。他們的教養，至多也不過是茶道的教養。他們的美感，亦至多只是盆栽的美感。在他們的畫中，是絕沒有運動場上的輕快和野外花草怒放的樸素之美的。通過古人的鏡頭來觀察自然，大抵不過如此。

與之相反的便是石濤那以自己的眼睛觀察自然的態度。直接用畫筆描繪自己的所感，這便是他的畫道。而他所標舉的旗幟，大致便是：「夫畫者，從於心者也。」

董其昌則說：

> 畫平遠，師趙大年（令穰）。重山疊嶂，師江貫道（參）。皴法，用董源麻皮皴及《瀟湘圖》點子皴。樹用北苑（董源）、子昂（趙孟頫）二家法。石法用大李將軍（李思訓）《秋江待渡圖》及郭忠恕《雪景》。李成畫法，有小幅水墨，及着色青綠，俱宜宗之。集其大成，自出機杼。再四五年，文（徵明）、沈（周）二君不能獨步吾吳矣。

若需如董其昌所說的這般學習古人筆意，恐怕必須有能夠直接接觸真跡的機會才行。而這對於貴族沙龍以外的人來說，根本是不可能的。吳派就是這樣一羣身處封閉社會頂端的特權畫家。

這些大家的畫作亦不會出現在市場上，其畫作在形式上均屬於

非賣品。不過事實上，他們的畫作又多以潤筆的形式事先暗中支付過。這些買家亦多為公卿貴族，費用亦絕不低廉。然而，這種買賣方法，似乎也只適用於擁有高宅廣廈，豢養着專門負責會計的僕人的名門大族吧。

對石濤來說，恐怕大多數時候他只能自畫自銷，這對身為庶民的顧客並不是壞事，卻也會因此被冠以「畫販子」的惡名。想來石濤當時的情況，和今日巴黎蒙瑪特小丘廣場（Place du Tertre Montmartre）上的畫家有所類似，在為顧客畫完畫之後立即能夠領到酬勞。雖說身兼畫家和畫販二職有些不體面，可說到底，恐怕並不存在不賣畫的畫家，石濤和吳派之間所存在的區別，只不過是賣畫方法上的。

藝術家也是凡人。凡人都有獲取生活之資糧的必要。這裏的資糧——說得直接一點即金錢——不單單是為了供養肉體，更是為了獲得再生產、再創造所需要的教養和行歷。而為了獲得這種必不可少的金錢，以其作品來交換無疑是當然之事。在傳統的貴族主義者眼中，這或許是一種缺乏「感情」的墮落，從畫家淪落為畫匠和畫工，與身兼詩人和知識分子的行止相衝突。而事實上，也一直存在着對石濤的這種批評。據石濤傳記所言：「雖謗言盈耳，勿顧也。」[11] 即便號稱「不顧謗言」，也只是指大多數情況下吧。完成自己以為必要之事，卻遭致物議的騷然，大抵是所有先驅者難以避免的命運。

在石濤之後，代表了新時代之風氣的是揚州八怪中的鄭板橋（1693-1765 年）。他既對石濤非常尊敬，其賣畫的方式也和石濤類似。且他又更進一步，將其潤格予以公開：大幅六兩、中幅四兩、

小幅二兩，明言其比起禮物來，更喜歡現銀。[12]

　　賣畫絕非可恥之事。即便莫迪里阿尼（Modigliani）為了五法郎的咖啡而賣出自己的素描，也不會影響其作品真正的價值——向使這幅素描流傳至今，一定也會賣出數萬法郎的高價吧。也正因為可以通過販賣自己的作品而生活，藝術家才擁有了獨立的人格。當然，在早期奉行此道的藝術家，是需要具備一定覺悟的。

　　而有了靠賣畫為生的覺悟之後，接下來的問題便是：這幅畫究竟有沒有被賣的價值。誠然，顧客依照一定的價格買畫這一點並沒有任何法律問題，不過就作為藝術家的作者突然轉換成了具有一定社會性的職業匠人這一立場上來講，卻是不得不對自身作品的商業價值——及其真正價值有一定自信的。當然，凡是藝術家，都會對自己的作品擁有百分之百的自信，以為他們所畫是毫無缺陷且堪稱絕妙的商品，而如果事實果真如此，那麼恐怕絕大多數的畫家都可以避免最後窮困潦倒、行將餓死的結局了吧。將賣畫換成賣文，情況亦是如此。

　　現今所確定的石濤畫作大約有六百幅，這個數字無疑有些龐大，而其中亦充斥着不少粗製濫造之庸作。這一事實卻是可以用我上文所言加以解釋的。藝術家不可能一直創作傑作，且就其一生來說，創作的庸作大抵是佔了很大一部分。正所謂只有以大量的庸作為基石，才能出現位於其作品頂端的傑作。是以庸作並不能影響藝術家本身的價值，而只關乎當時的藝術家是如何將這幅庸作賣與他人。當然，石濤作品中的這一問題，今日的我們已無從得知。

　　職業藝術家尚須考慮另一個實際問題。今天的藝術作品中，用於展覽、永久保存、鄉間巡迴等用途的作品涇渭分明。換而言之，

即藝術家的創作態度隨着其作品的預期用途而改變。對獨具慧眼的鑒賞家自當報以良心之作，對只追求名家落款的則不免敷衍了事。後一種作品雖在後世或許會經名家遞藏，然而對當時的藝術家來說卻已是無關痛癢。只是這樣的交易對雙方而言都算不上是最好罷了。

　　同樣，下一個問題便是：藝術家既然有創作優秀作品的使命，那麼對其私德究竟應不應該有所要求。藝術創作需要資金、閒暇甚至眼福。為此則必須尋找金主（patron）予以贊助。而這種行為，大抵又會導致作者之品性在一定程度上的墮落。後人既然預設藝術家必須廉潔清貧，那麼這種情況也就會引起人們對藝術家的苛評。對此我想說的是，藝術家的人格只存在於其作品中，如果需要描繪其作品以外的人格，就請去詢問孔子大人吧。然而，世上的一般人卻往往從創作者的行為上——而非作品中——去想像其人格優劣，再根據想像出的人格，對其作品進行評騭。就好比因為「人品」的關係，乃木將軍的書法勝於貫名海屋一樣。

　　我們已無從考察石濤在揚州時期出入鹽商沙龍的行跡。不過他曾接近滿洲達官博爾都，又很可能因其推薦而得以謁見康熙帝，恐怕這一點便是他招致後人非議的最大理由。然而如果這件事在石濤認為對其生活、藝術非常必要的話，我以為那些沒有利害關係的第三者，是無須置喙的。恐怕正是為了應對旁人的非難，石濤才選擇了「瞎尊者」這個別號。當有人問及「瞎尊者」的含義時，他如是回答：「吾目自異，遇阿堵則盲然，不若世人了了，非瞎而何？」[13] 這可謂是一種帶有諷刺意味的自嘲，從中亦能夠體會到他為世人所不理解之處。而此語或亦是一種對當時世上流傳的自己之「庸作」所作出的辯解吧。據我上文所作的解釋，對曾經留下過輝煌傑作的畫

家來講，其庸作亦絕非毫無價值，或許是一把用以理解其傑作的鑰匙，亦未可知。

石濤的生年到底還有個確切範圍，可其卒年卻根本無從推定，大體上應該是十八世紀初。

通觀他的創作態度和藝術理念之外的生活信念，可以說都遠遠地走在了他所處的時代之前。因此，雖其生時並不受歡迎，但在三百年後的今天，其真正的價值總算得到了認定。

他曾在所畫的《睡牛圖》上題道：「牛睡我不睡，我睡牛不睡。」起初，看似將世人比作了睡牛，或是出於他對自己為世人所忽視的一種憤怒，而之後卻又將「我」和「牛」的立場對調了過來，或許這頭睡不著的牛指的是將其畫出來的作者本人。而石濤，抑或便是這頭在世人沉睡之時沉默前進着的老牛吧。

1 編者按：原題為〈石濤小傳〉，小節標題為編者所加。

2 即王時敏（字烟客，1592-1680）、王鑑（字圓照，1598-1677）、王翬（字可谷，1632-1717）、王原祁（字麓台，1642-1715）、吳歷（字漁山，1632-1718）、惲壽平（字南田，1633-1690）。

3 即以揚州為中心活動的畫家，包括金農、黃慎、李鱓、汪士慎、高翔、鄭燮、李方膺、羅聘八人。又有一些說法將華嵒、高鳳翰等列入以取代上述八人中的某二人。揚州八怪的活動時間則為十八世紀。

4 青木正兒〈石濤之畫及其畫論〉，載《支那學》第一卷第八號，大正十年，後又收錄於其《中國文藝論藪》一書。橋本關雪《石濤》，大正十五年。

5 靖江王一系的傳承見《明史》卷一〇二《諸王世表三》、卷一一八《諸王傳三》。以下的命名詩則見於卷一〇〇《諸王世表一》序中註文。

6 關於此事，《明史》卷二八〇《瞿式耜傳》只是記載了他與唐王軍隊「共執亨嘉」。不過《諸王傳三》中卻記載了亨嘉「為瞿式耜所誅」，而《諸王世表三》中更有瞿式耜在亨嘉被殺之後向唐王奏捷的字樣。於是，我在正文中採用了後面兩種說法，至於前一種以為亨嘉乃為瞿式耜執送福州之後被唐王所殺的說法，怎麼看都不是很自然，應當是正史對忠臣瞿式耜的一種迴護。

7 譯者按：作者此說不確。據《明史‧瞿式耜傳》，瞿式耜在唐王政權失敗後又擁立了另一明宗室桂王，最終在清軍追剿桂王政權時被擒處死。

8 錢謙益《牧齋有學集》卷四〈石濤上人自廬山致蕭伯玉書於其歸也漫書十四絕句送之〉，其詩末有附記曰：「辛卯三月，蒙叟弟錢謙益謹上。」

9 葉葉、蕭士瑋〈閔麟嗣贈石濤上人詩考〉，載《大陸雜誌》第五十卷第二期，1975 年 2 月。

10 石濤的法系傳承是：木陳道忞—旅庵本月—（石濤）道濟。

11 陳鼎《留溪外傳》卷十八〈瞎尊者傳〉。

12 《清朝野史大觀》卷十〈鄭板橋筆榜〉。

13 前引〈瞎尊者傳〉。

原文出處

第一編　大帝與名君

〈秦始皇〉

《世界傳記大事典　日本・朝鮮・中國編》3，ほるぷ出版，
1978 年 7 月

〈漢武帝〉

《世界傳記大事典　日本・朝鮮・中國編》4，ほるぷ出版，
1978 年 7 月

〈隋煬帝〉

《世界傳記大事典　日本・朝鮮・中國編》5，ほるぷ出版，
1978 年 7 月

〈清康熙帝〉

《月刊百科》第一三二號，1973 年 9 月，〈一枚肖像・其中的
虛實〉一欄

〈清雍正帝〉

《世界傳記大事典　日本・朝鮮・中國編》5，ほるぷ出版，
1978 年 7 月

第二編　亂世的宰相

〈李斯〉

《世界傳記大事典　日本‧朝鮮‧中國編》5，ほるぷ出版，1978 年 7 月

〈馮道與汪兆銘〉

《東洋時論》第二卷第二號，1960 年 2 月

〈南宋末的宰相賈似道〉

《東洋史研究》第六卷第三號，1941 年 5 月

第三編　資本家與地方官

〈五代史上的軍閥資本家 —— 以晉陽李氏為例〉

《人文科學》第二卷第四號，1948 年 7 月，附註執筆於 1962 年 7 月

〈宋江是兩個人嗎？〉

《東方學》第三十四輯，1967 年 6 月

〈藍鼎元 (《鹿洲公案》發端)〉

《鹿洲學案》，東洋文庫 92，1967 年 6 月

第四編　儒家與文人

〈孔子〉

《世界傳記大事典　日本‧朝鮮‧中國編》2，ほるぷ出版，1978 年 7 月

〈朱子及其書跡〉

《書道全集》第十六卷，中國‧宋 II，平凡社，1955 年 8 月

〈張溥及其時代 —— 明末一介鄉紳的生涯〉

《東洋史研究》第三十三卷第三號，1974 年 12 月

〈石濤小傳〉

《文人畫粹編》第八卷：「石濤」，1976 年 10 月

解　説

　　東洋史學家宮崎市定（1901—1995 年）在滿九十歲時，於岩波書店刊行了其《宮崎市定全集》（全二十四卷，又附錄一卷，合計二十五冊）。根據全集的通例，並不收錄為辭典所撰寫的條目。不過我卻以為，這些條目對於考察宮崎先生之學風着實難以割捨，而且先生為ほるぷ出版社於 1978 年刊行的《世界傳記大事典　日本・朝鮮・中國編》所撰寫的〈孔子〉、〈秦始皇〉、〈漢武帝〉、〈隋煬帝〉、〈清雍正帝〉、〈李斯〉等長篇條目，是可以與先生的《隋煬帝》、《雍正帝》等專著，以及〈東洋史上孔子的位置〉、〈讀《史記・李斯列傳》〉等學術論文互相參照的，所以便藉此機會，向大家做一個簡單的介紹。

　　這部《世界傳記大事典》，自編輯委員長桑原武夫以下八位編輯委員，均為京都大學人文科學研究所的老校友和現役教員，作為其中一員，我也撰寫了其中〈武則天〉、〈馮道〉和〈柳宗元〉三個條目。從本書出版後的內容簡介來看，本書是「鮮活地敍述了歷史人物的人生，對其時代背景和人際關係進行探究的傳記事典」、「收入的人物均配以平均四千字左右的解說」。本書的首印包括其中「日本・朝鮮・中國編」（含索引）的五卷，而包括「世界編」和總索引的增訂本亦已在出版計劃之中。而現在，因為時機成熟，我便在曾經出版

過《隋煬帝》和《雍正帝》二書的中公文庫，編集了有先生為上述《事典》所撰寫的六篇條目在內的評傳集《中國史上的名君與宰相》一書，自己亦感到非常榮幸。

研究某一國家的某一段歷史之際，對其國當時整個社會層面的關心和對其時代中人具體生涯的關心，無疑是兩種完全不同的研究方向。不過，宮崎市定在前者的範疇中，既有對古代都市國家論、科舉、九品官人法、官吏採用制度以及從社會經濟史角度補強宋代近世說的優秀研究；其在京都大學的畢業論文《南宋末的宰相賈似道》以下，又有作為他代表作之一的《雍正帝》，而在先生七十五歲之後，更熱衷於撰寫明末清初的文人張溥和石濤的評傳。在前述的後一種研究方向中，先生同樣傾注了極大的關心。

集錄有長短十四篇文章的《中國史上的名君與宰相》，由「大帝與名君」、「亂世宰相」、「資本家與地方官」、「儒家與文人」四部分構成，每一部分中的各篇文章按照其所論述人物的年代排列。而關於書名，其中「宰相」一詞大抵不用多說，在此謹就「名君」一詞做一番解釋。

所謂名君，指的是優秀的君主。而我在論述宮崎先生的名君論之際，更不免想到當年的某次學會。1966 年 11 月 3 日於京都大學法經教室舉辦的東洋史談話會上，來自東京大學東洋文化研究所的石田米子曾經做過關於太平天國的歷史性地位的報告，並以此報告為基礎，於翌年在《東洋文化研究所紀要》第四十三冊上刊載了題為〈關於太平天國歷史性地位的諸問題〉的論文。其文以為，關於日本的太平天國研究現狀，以對研究對象的態度和敘述方式可以劃分為三種研究方式。第一種研究方式的研究對象並非中國本身而是

生活在其間的國民，且對後者抱有一定程度上的同情，又以實證主義為方法，是傳統東洋史學界最具信用和權威的方式，其代表學者為和田清以及市古宙三。第二種研究方式則屬於對中國的舊體制存有某種愛好的流派，其代表研究者便是於 1965 年發表過〈關於太平天國的性質〉的宮崎先生。第三種方式則是對舊體制不甚關心，而對民眾自我解放之努力抱以心靈上之共感的研究流派，其代表人物包括野原四郎、增井經夫，又為小島晉治所發揚光大。

而石田的報告中，對宮崎先生對研究對象的態度和敍述風格甚感興趣，並列舉了先生在 1950 年刊行於岩波新書的《雍正帝》(此書於先生去世之翌年在中公文庫刊行了同名的增補版) 一書為例：

> 將受到歷史條件制約的雍正帝之「悲劇」，以一種非常優美的方式描繪出來，可見所謂雍正帝的理想，其實便是宮崎氏的理想的投影吧。宮崎氏對中國王朝的統治方式存有一種理想，並在此書中將之優美地描繪而出。又將為了這一「理想」而苦鬥的統治者如雍正帝之流作為一位「名君」的美德予以抉發，對於心境擁有深刻的共感。也正因為如此，宮崎氏的行文既能吸引讀者的興趣，比起那些站在異世界旁觀者的角度進行說明的論文來說，無疑又更具說服力……在這一點上，他和前一類的研究者有着極大的差別。

而當石田的報告結束之後，坐在教室最後排的宮崎先生站起身來，通報了自己的名號之後又敍述了一番對此報告的感想。關於先生的感想，石田後來的論文是這樣說的：

> 宮崎市定氏自身的觀點與我不同，他以為，我報告中將他視為舊體制的熱愛者的觀點是一種誤解，而他對太平天國也

好、舊體制也好，都是持有非常冷靜而學術化的視角的，如果按照我報告中的劃分，他應該身居第一類研究者才是。而只有在理解了這一點的基礎上，方能理解他的「名君」論和近世史論以及太平天國研究之間的關係。

接下來對本書所收的其他諸文做一番書誌學上的介紹。「資本家與地方官」一編中所收的〈藍鼎元（〈鹿洲公案〉發端）〉一文，乃是將平凡社東洋文庫第九十二種所收藍鼎元著、宮崎市定譯的《鹿洲公案》一書卷首前言中「鹿洲公案發端──若事實真是如此便好」一節節選而出的，該前言中的剩餘部分「鹿洲公案──事實的部分」則基本上都是對原書的翻譯，未作選錄。又，本書末「儒家與文人」中〈石濤小傳〉一文，原題〈瞎尊者傳〉，收錄於中央公論社《文人畫粹編》第八卷〈石濤〉的卷首。其中的「瞎尊者」，是石濤的別名。

宮崎先生自八十五歲以後，開始了將司馬遷人物論的集大成之作《史記》中七十卷列傳進行全譯的工作。然而，隨着之後先生全集的出版，不得不將主要精力放在撰寫全集各卷卷末自跋之上，以至於其遺稿之中，只留下了列傳第十八《春申君列傳》之前的譯文。而這一新譯，加上先生對《史記》的相關論文，經我編輯之後，已以《史記列傳抄》為題在今年春天於國書刊行會出版了。該書的裝訂和本書《中國史上的名君與宰相》的封面和裝訂一樣，均由間村俊一氏擔當。前者的封面，使用的是山東武氏祠所存三層畫像石的拓本中第二層，描繪的是荊軻刺秦王的場面。而本書則使用了1852年官板書籍發行所翻刻的官版《帝鑑圖說》卷五所收秦始皇接受李斯的建議實行「坑儒焚書」的場面。所謂「坑儒焚書」，即一般所說

的「焚書坑儒」。所謂「官版」,即江戶時代湯島的昌平阪學問所託書店版刻的書籍。而《帝鑑圖說》,則是十六世紀末明代內閣首輔張居正和呂調陽所著圖說中國史一類的書籍。

礪波護

京都大學名譽教授

2011 年 9 月 28 日

「我對普通人物沒有興趣」
——《宮崎市定人物論》譯後記

宮崎市定先生於 1967 年談及自己早年訪問中國之經歷時曾感慨：

> 在各色人等一應俱全的中國，國民們普遍擁有相當高的鑒賞人物之眼力。他們絕少僅根據表面就作出評價，而是通過對象的內部進行一種立體的觀察。在這點上，日本人與之相比，僅僅只是舊制高校生的水平罷了。
>
> 我自己同時具有舊制高校生和高校教授的經歷。從教授的立場上，其所見無疑和從學生立場上所見之人物觀完全不同。在學生看來如仙人和偶像一般值得尊敬的教授，反過來很可能只是個物慾頗深的慳吝之人，能淡然地將辦公室裏公用的茶葉帶回家去，而這些卻是學生所永遠不知道的。如此這般一無所知的學生一旦進入社會，若不進一步地學習，則其人物觀恐怕也永遠不會進步吧。（《中國的人物與日本的人物》，載《宮崎市定全集》第二十二卷）

而本書中所收諸篇先生以人物為對象的文章，亦如先生上文所言，是進行了一種「立體」式的觀察的。如其中對賈似道的專論和為石濤所作之小傳，都在一定程度上推翻了此前世人對其人之扁平

化的理解。

　　事實上，宮崎先生對人物的關心由來已久。據李慶先生《日本漢學史》所言，宮崎先生早年對中國和歐亞其他國家都進行過實地考察，從本書〈張溥及其時代〉一文中亦可窺見先生對「記者」這一職業的興趣，而記者與歷史學家的重合之處便是對人物的觀察。另一方面，先生自少及老，在《史記》這本以人物為核心的紀傳體通史上曾拋擲過絕大的心力。據本書編者礪波護先生的解說，宮崎先生一生最後的工作，便是《史記》列傳的日譯。誠如《解說》中間接引用宮崎先生自述之語，先生一生雖在東洋史的宏觀建構、世界史的時代劃分和中國古代制度史研究上有偉大的貢獻，然而先生所深為同情的，卻並非舊制度，而是舊制度中呈現出複雜性格的個人。從這個意義上來說，宮崎市定先生首先是作為一個善於並喜歡觀察複雜人性的學者，然後才選擇了可以大量接觸《史記》等以人物為中心的史料之東洋史學為自己研究對象的。先生研究科舉制度和九品官人法，亦非徒為了制度本身，而是為了給自己對那個時代的個人研究提供一種背景。而史學中較少反映「人物觀」者，如天文史地等，卻是先生所不多措意的。當然，先生所作的研究，如先生自述，是非常冷靜而客觀的。先生雖對《史記》非常推崇，可是對其中所載史事的來源和可信度，卻又是作過非常嚴格的批判的。從本書所收李斯與孔子二文可以看出這點。陳寅恪先生序楊樹達先生《論語疏證》，嘗曰：「蓋孔子説世間法，故儒教經典必用史學考據，即實事求是之法治之。」可見宮崎先生的個人旨趣，本身與以實事求是之態度深究世間人物的東洋之史學考據是有所冥合的。經過礪波護先生精心選編的本書，亦是了解宮崎東洋史學的絕好視窗，與

先前引進的《宮崎市定中國史》一書對讀，頗能想見先生構建其東洋史宏觀體系的過程。

不過，在以文獻及其所反映之事實為基礎、對複雜人物的探究這兩大原則支配下的宮崎史學，是不得不以傳統東洋之王侯將相為考察中心的。《史記》以下的諸多紀傳體正史自不用說，宮崎先生所宣導的對複雜人性之觀察，同樣是建立在多種文獻的排比考證之上，而能擁有眾多來源、褒貶不同的傳記的傳主，亦自然是在傳統史學觀念上的「大人物」。先生著作中多有關注「名君」如隋煬帝、雍正帝，恐怕正因如此。先生在本書所收諸文中，曾不止一次地表示了他對新近唯物史觀的不滿，以為後者不以文獻為根底，其觀點偏頗，只能照見隅隙。其實唯物史觀所關注的古代一般人乃至古代社會本身，既與宮崎先生的旨趣不甚相合，而其研究對象多為傳統史料所不載，學者在考察時，是不得不加以闡釋的，而這兩點正適足為宮崎先生所深文。反過來說，司馬遷在《史記・伯夷列傳》傳末所言：

> 伯夷、叔齊雖賢，得夫子而名益彰。顏淵雖篤學，附驥尾而行益顯。巖穴之士，趨舍有時若此，類名湮滅而不稱，悲夫！閭巷之人，欲砥行立名者，非附青雲之士，惡能施於後世哉？

其實正道明了以人物為中心之傳統史學的特質。按「世間法」來講，「小人物」肯定是文獻不足徵的，可這些史料闕載的小人物之平生性格，本應與「青雲之士」同等複雜才是。而考驗司馬遷以下傳統史學家治學技藝的標準，也就變成了如何優遊於少量史料之間，用以揭示並表彰那些為正史所不載的人物。從這一點上來說，在本書中「對普通人物沒有興趣」的宮崎市定先生，雖然位於傳統

史學的延長線上，卻又與後者有着今古之別。這種區別，恐怕只能用先生對整個東洋史學的學科構建上的用心來解釋。出於對人物的熱情，在整體上論述整個舊制度的結構，宮崎史學的這種風貌，其實和唯物史觀是同樣屬於非傳統史學的。

最後談一下我譯本書的相關問題。先生行文多有古奧難解之處，且其引文和體例亦屬於過往時代的規範，與今日所行者不同。翻譯之時，頗有力不從心之歎，能按時交稿，已屬意外。譯稿雖屢經查證刪改，必仍存有許多錯誤，只能留待方家指正。而在此亦需感謝本書編輯楊海泉老師的細心審校。近年來，以宮崎史學為代表的大量日本漢學著作得以引進，相信對吾國文史學界不無裨益。忝列此中，想來也算是附其驥尾，讓我倍感榮幸。

林千早

2017 年 11 月 15 日